図解法律コース2

管理職のための法律知識

弁護士
小澤 和彦＝監修
Kazuhiko Ozawa
総合法令出版＝編

通勤大学文庫
STUDY WHILE COMMUTING
総合法令

目次

まえがき

本書『通勤大学　図解法律コース2　管理職のための法律知識』は、課長、部長などの役職に就いているビジネスマンをターゲットに、管理職として「知っておくべき」「知らなかったではすまされない」ビジネス法務の基礎知識を網羅的に解説したものです。

管理職は、各現場のリーダーとして部署を引っ張る役割を持つと同時に、部下を管理・育成して結果を出させるという2つの役割を担っています。まさに企業の中核存在と言えるでしょう。そして、管理職は自分の関わるプロジェクトの隅々にまで目を配り、成功へと導いていかなければなりません。しかし、プロジェクトの規模が大きければ大きいほど関わってくる法律も増えてきて、要所要所で的確な判断を求められます。

本書は管理職という立場にあるビジネスマンが「管理」しなくてはならないものとして、人事労務（ヒト）、債権（カネ）、知的財産、情報の4つに絞って内容を構成しました。難解な法律知識の基礎を短時間で学んでいただくために、1テーマを見開き2ページの図解つきで解説しています。毎日の通勤時間などの空き時間をぜひ有効に活用してください。

総合法令出版

第3章　債権の管理と回収

第4章 知的財産管理

第5章　個人情報管理

装丁 八木美枝 本文図版 横内俊彦 本文イラスト 大橋ケン

第1章

管理職の法律的立場

1 法律上の管理職の地位とは

会社の業務全般にわたって執行権限を持ち、かつ会社を代表する権限は、代表取締役のみが持っています。

しかし、会社の業務内容は多種多様であり、すべてを代表者が自ら行わなければならないとすると、会社の業務が成り立たなくなってしまいます。

そこで、商法では、「商人の営業所の営業の主任者であることを示す名称を付した使用人は、当該営業所の営業に関し、一切の裁判外の行為をする権限を有するものとみなす」（24条）、「商人の営業に関するある種類又は特定の事項の委任を受けた使用人は、当該事項に関する一切の裁判外の行為をする権限を有する」（25条）として、営業に関するある種類あるいは特定の事項について、商業使用人、すなわち従業員に代理権を与えています。

ここで言う「営業所の営業の主任者であることを示す名称を付した使用人」とは、支社長、支店長、営業所長、工場長、事業部長などが該当するものと考えられ、「ある種類又

は特定の事項の委任を受けた使用人」とは、総務、経理、購買などの、各部署の管理者が該当すると考えられます。そして、管理者とは、部長、課長、係長、主任などがそれにあたるものと考えられます。

どの事項を管理者の権限事項として与えるかは、その会社の規模や営業内容によって異なってきますし、管理者の所属部門によっても異なってきます。

しかし、企業における管理者は、従業員としての権利を持つと同時に、その職務遂行に必要な権限を法的にも認められており、具体的には部下を統括して業務計画を実施に移すことを一般的権限として与えられているわけです。

2 管理職の行為と会社の責任・管理職の責任

前述のとおり、管理者は、従業員であると同時に、その会社の営業に関するある種類、または特定の事項について委任を受けた商業使用人として、法律上の権限として会社のために代理権を有しています。したがって、対外的に管理者が行った取引は、当然会社の正当な取引として認められるものであり、その責任はすべて会社に帰属することになります。

しかし、会社は職務権限規程をおいて、管理者の代理権を制限することもできます。それでは、管理者が職務権限規程に違反して取引を行った場合はどうなるでしょうか。

商法は「使用人の代理権に加えた制限は、善意の第三者に対抗することができない」（25条2項）とし、相手方が管理者の代理権に制限があることを知らなかった場合は、会社側は管理者が行った取引を会社の取引ではないと否定することはできないとしています。

その一方、管理者が職務権限規程に違反して行った取引において、会社に損害をもたらした場合は、管理者は会社に対して会社が被った損害を賠償する責任を負うことになりま

経営者と管理職、一般社員の関係

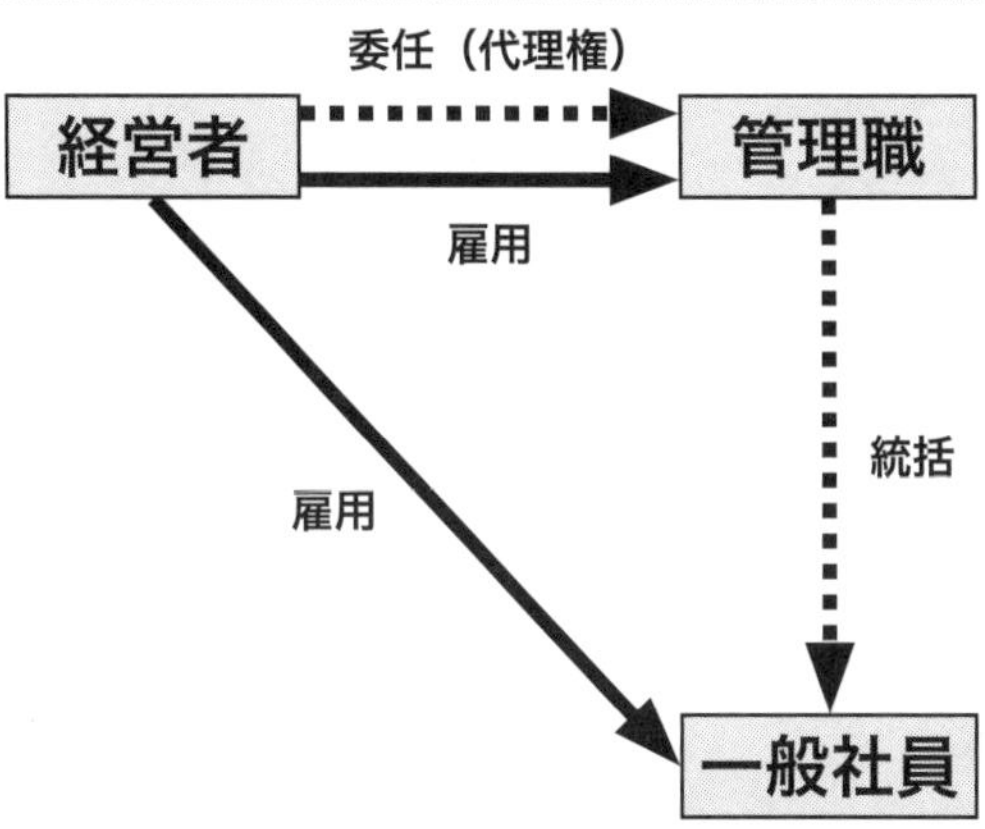

す。管理者と言っても、会社との関係では、会社の使用人として雇用契約によって律せられており、各契約に基づいて、管理者は会社の内規に従って業務を遂行するべき忠実義務を負っています。したがって、管理者が権限外の取引を稟議なしに行ってしまった場合には、事前に稟議にかけて決裁を受けることができなかったというやむを得ない事情がない限り、会社に対する前記の義務に違反することになり、債務不履行（民法４１５条）による損害賠償責任を負うことになるわけです。

また、このような場合、会社側は債務不履行ではなく、不法行為（民法７０９条）を理由としても、損害賠償の責任を管理者に対して請求することもできると考えられます。

第2章

人事労務管理

1 労働契約の締結と効力①　労働契約締結上の留意点

労働契約は民法に定められている典型契約の1つであり、当事者の一方（労働者）が相手方（使用者＝会社など）に対して労務を提供することを約束し、使用者がこれに対し賃金を支払うことを約束する契約です。

契約自体は口頭の約束でも効力が発生し、書面にする必要はありません。

ただし、労働契約に定められる条件のことを「労働条件」と言いますが、労働契約を結ぶ際には、使用者は労働条件を労働者に対して明示しなくてはならないことが労働基準法で定められています。この労働条件の明示は書面による交付で行わなければならないものと口頭でも足りるものとがあります（次ページの表を参照）。

もっとも、就業規則に当該労働者に適用される条件が具体的に規定されている限り、契約締結時に労働者一人ひとりに対し、その労働者に適用される部分を明らかにした上で就業規則を交付すれば、再度、同じ事項について、書面を交付する必要はありません。

労働条件

絶対に明示しなければならないもの（書面で）
・労働契約の期間 ・就業場所 ・従事する業務について ・始業および終業時刻 ・所定労働時間を超える労働の有無 ・休憩時間、休日、休暇 ・就業時転換に関する事項 ・賃金の決定、計算、支払の方法、賃金の締切り、支払日 ・昇給に関する事項 ・退職に関すること
規定があれば、明示しなければならないもの（口頭または書面）
・最低賃金に関する事項 ・労働者に負担させるべき食費・作業用品などに関する事項 ・安全・衛生に関すること ・職業訓練に関すること ・災害補償および業務外の傷病扶助に関すること ・表彰・制裁に関すること ・休職に関すること

また、明示された労働条件が実際と異なっていた場合、労働者は即時に労働契約を解除することができます。

なお、労働契約は、本来、労働者と使用者とが対等の立場に立って決定すべきもので、本人と会社との間で自由意思で取り決めればそれで有効な条件となるはずですが、労働者保護の観点から、たとえ本人がそれでよいと承知してもその労働者に適用される就業規則や労働組合との間で結ばれた労働協約がすでに存在する場合には、これらに反する合意は無効となります。したがって、個別の労働契約について、優先される順位は、①労働基準法などの法令↑②労働協約↑③就業規則↑④労働契約となります。

2 労働契約の締結と効力② 労働契約の特質と効力

前述したとおり、労働契約は使用者が労働条件を明示して、労働者がそれを承諾するという形で行われます。

しかし、現実には労働者一人ひとりと個別に労働契約を決めることは煩雑であることから、個別労働条件の明示は一般的には細部にわたってはなされず、賃金や賞与、労働時間や休日といった最低限の明示で済ませ、あとは統一的に定められた就業規則などを読ませるというのが労働契約の実情です。

判例では、採用された労働者がその会社に就業規則が存在していることを知らなかったり、存在を知っていても内容をよく読んでいなかった場合であっても、その会社の就業規則に定められた労働条件を内容とする労働契約を結んだことになります。

労働契約を結ぶと、その時点で労働関係が発生し、会社側も労働者側も労働契約の内容に従い、たとえば次ページの図のような権利義務関係の拘束を受けることになります。

労働契約の特質と効力

労働者の義務

①労働義務
②服従義務（使用者の指揮命令に従い指示された労働の方法、態度、時間、場所などにおいて服従すること）
③秩序遵守義務（企業秩序および従業員間の集団共同生活上の規律を守り、施設、製品などの施設管理に従うこと）
④職務専念義務（勤務時間中の私用禁止）
⑤守秘義務（業務上の秘密を漏らさないこと）
⑥能率向上義務（業務の促進と能率の向上を図るとともに業務上必要な改善意見を述べ、的確な報告をしたり、必要な情報などを提供し、また自己啓発に努めること）
⑦協力義務（会社の施策に協力し、安全衛生活動や研修教育に進んで参加し、または会社の各種の調査などに応ずること）

使用者側の義務

①賃金支払義務
②使用義務（労働者の正当な労務の提供があれば、使用者はこれを指揮命令して使用しなければならず、使用できないときは休業補償として賃金を補償しなければならないこと）
③労働条件遵守義務
④安全配慮義務（労働者の生命・身体・健康などに危険が生じないように配慮すること）
⑤費用償還義務（労働者が業務を行う上で要した必要な費用は使用者が負担しなければならないこと）

3 就業規則の作成と変更①　就業規則の概要

就業規則は事業場における労働条件や職場の規律を定めたもので、使用者と労働者の間の実質的な労働契約書とも言えるものです。

労働基準法は、常時10人以上の労働者を使用する使用者は、就業規則を作成しなければならず、その作成や変更について、事業場に労働者の過半数で組織する労働組合がある場合はその労働組合（ない場合は労働者の過半数代表者）の意見を聴かなければならないと定めています。ただし、意見を聴くことが義務づけられているだけで、同意を得る必要はなく、使用者が一方的に定める権限を持っています。

作成や変更された就業規則は、労働組合あるいは労働者代表者の意見書を添付して、所轄の労働基準監督署に届出されなければなりません。そして、就業規則は常時、社内の見やすい場所に掲示や備え付けなどの方法で、労働者に周知されていなくてはなりません。

就業規則は常時10人以上の労働者を使用する使用者に作成と届出が義務づけられていま

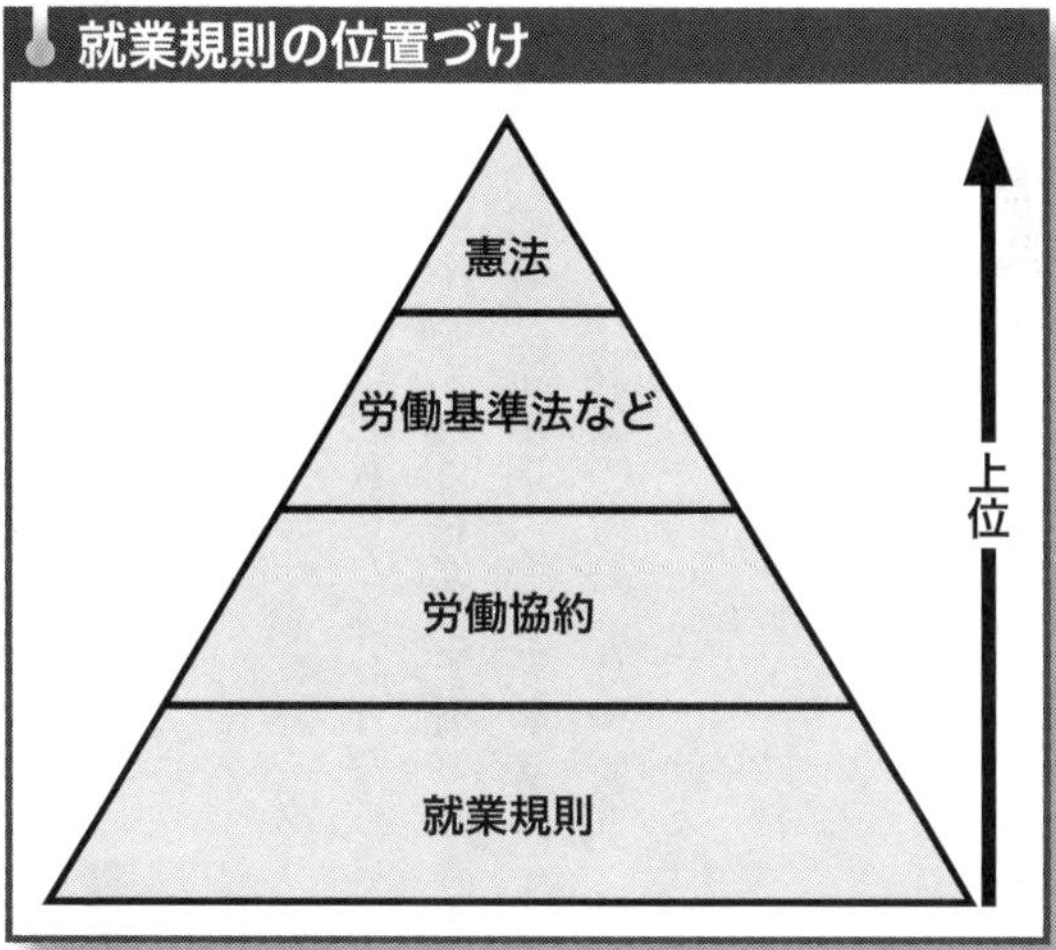

すが、労働者の数がそれ以下の会社でも労働管理の意味で作成しておくことが望ましいと言えます。また、この10人には正社員だけでなく、パートタイマーやアルバイトなども含まれます。

なお、就業規則は使用者が一方的に作成したり、変更する権限を持つとはいえ、その内容は憲法や労働基準法などの法令、労働組合との労働協約の内容に反するものであってはなりません。反するものであった場合、労働基準監督署は変更命令を出すことができます。

使用者側で就業規則を変更した場合、その内容が労働者に有利であれば問題ありませんが、不利益になるものであれば、それが合理的なものかどうかがポイントとなります。

4 就業規則の作成と変更② 就業規則に盛り込む内容

就業規則に記載すべき事項には、必ず記載しなければならない①絶対的必要事項と、会社に定めがあれば記載しなければならない②相対的必要記載事項、そして、記載するか否かはまったく自由な③任意的記載事項があります。

①絶対的必要記載事項（必ず記載する）

・始業および終業の時刻、休憩時間、休日、休暇並びに労働者を二組以上に分けて交替で就業させる場合においては就業時転換に関する事項

・賃金（臨時の賃金等を除く）の決定、計算および支払方法、締切り、および支払時期並びに昇給に関する事項

・退職に関する事項（解雇の事由を含む）

②相対的必要記載事項（会社に定めがあれば記載する）

・退職手当の定めをする場合においては、適用される労働者の範囲、退職手当の決定、

就業規則の内容

① **絶対的必要記載事項（必ず記載）**

② **相対的必要記載事項（会社に定めがあれば記載）**

③ **任意的記載事項（記載するかどうかは自由）**

計算および支払の方法並びに退職手当の支払の時期に関する事項

・臨時の賃金等（退職手当を除く）および最低賃金に関する事項

・労働者の食費、作業用品その他の負担に関する事項

・安全及び衛生に関する事項

・職業訓練に関する事項

・災害補償及び業務外の傷病扶助に関する事項

・表彰及び制裁の種類や程度に関する事項

③任意的記載事項（記載は自由）

・就業規則の制定・改定手続き、前文、社訓的事項、採用、就業規則の解釈・適用・定義など

5 賃金の内容と支給方法① 賃金支払の5原則

賃金の支払に関しては、労働基準法24条にいわゆる「賃金支払の5原則」と呼ばれるものが定められています。以下、それぞれ簡単に説明しておきましょう。

①通貨払いの原則

賃金は現金で支払うことが原則となっています。小切手や現物などで支払う場合は法令もしくは労働協約に別段の定めがなければなりません。また、労働者の同意を得た場合には、労働者が指定する銀行その他の金融機関経由での振込みによる支払いも可能です。

②直接払いの原則

賃金は労働者本人に直接支払わなければなりません。委任や代理などによる本人以外の受領は、たとえ親権者や成年後見人などの法定代理人であっても無効とされます。

③全額払いの原則

賃金はその全額を支払わなければならないとされています。ただし、法令に別段の定め

賃金支払の5原則

- ① 通貨払いの原則
- ② 直接払いの原則
- ③ 全額払いの原則
- ④ 月１回以上払いの原則
- ⑤ 一定期日払いの原則

がある場合、または労働組合との書面による協定がある場合は、所得税や社会保険料などを法令の定めにより控除したり、労使協定により寮費や福利厚生施設の費用、組合費などを控除することができることになっています。

④月1回以上払いの原則

賃金は毎月1日から月末までの間に1回以上支払わなければなりません。

⑤一定期日払いの原則

賃金は一定の期日を定めて支払わなければなりません。ただし、臨時に支払われる賃金、賞与その他これに準ずるもので、厚生労働省令で定める賃金（精勤手当、勤続手当、奨励加給、能率手当）については、この限りではありません。

6 賃金の内容と支給方法② 賃金の範囲

労働基準法11条は賃金について、「賃金、給料、手当、賞与その他名称の如何を問わず、労働の対償として使用者が労働者に支払うすべてのものをいう」と定義しています。判例や行政解釈により賃金に含まれるものと含まれないものを以下に列挙します。

①賃金の範囲に含まれるもの

・現金の代わりに支給され、その支給により現金支給分の減額を伴うもの、あるいは労働契約において、予め現金の外にその支給が約束されているもの
・労働契約、就業規則、労働協約などによって予め支給が明確にされている退職金、慶弔見舞金など
・住宅貸与の利益は住宅に入居していない者に対して支給されている均衡手当による額を限度として賃金とみなす
・事業主の負担する労働者の税金や失業保険料

賃金の範囲

賃金に該当するもの	基本給、職務給、職能給、役職手当、住宅手当、家族手当、通勤手当、賞与、退職金および慶弔見舞金（労働契約、就業規則、労働協約などに定めがある場合）など
賃金に該当しないもの	福利厚生施設、退職金および慶弔見舞金（労働契約、就業規則、労働協約などに定めがない場合）

・住宅積立金制度の一環として一定の条件に該当する従業員に一律に支給される住宅助成金と称する手当

②賃金の範囲に含まれないもの

・労働者に支給される物または利益でも、代金を徴収するものや、福利厚生施設とみられるもの
・労働契約・就業規則・労働協約によって明確化されていない退職金、慶弔見舞金など
・臨時に支払われる物その他利益（例　会社の創立記念日または個人的吉凶禍福に対して支給されるもの）
・福利厚生のため使用者が負担する生命保険料等補助金

7 賃金の内容と支給方法③ 割増賃金

労働基準法37条は、労働者に法定の労働時間を超えて、時間外労働あるいは休日労働をさせた場合は、使用者は割増賃金を支払わなければならないと規定しています。割増率は時間外労働が通常の賃金の25%以上、休日労働が35%以上です。

割増賃金の対象となるのは、法定の労働時間および休日です。法定労働時間は1日8時間、週40時間ですから、それを下回る部分については割増賃金を支払う必要はありません、休日においても法定の休日は週1回ですので、それ以外の休日労働においては割増賃金を支払わなくてもよいことになります。つまり、通常労働時間が7時間の会社で1時間の時間外労働をした場合や、週休2日制の会社で1日休日労働をした場合などは割増賃金を支給する必要はないということです。ただし、労働協約、就業規則において割増賃金を支払う定めがあれば、そちらを優先することになります。

また、労働基準法37条3項では深夜労働（午後10時〜午前5時）においては25%以上の

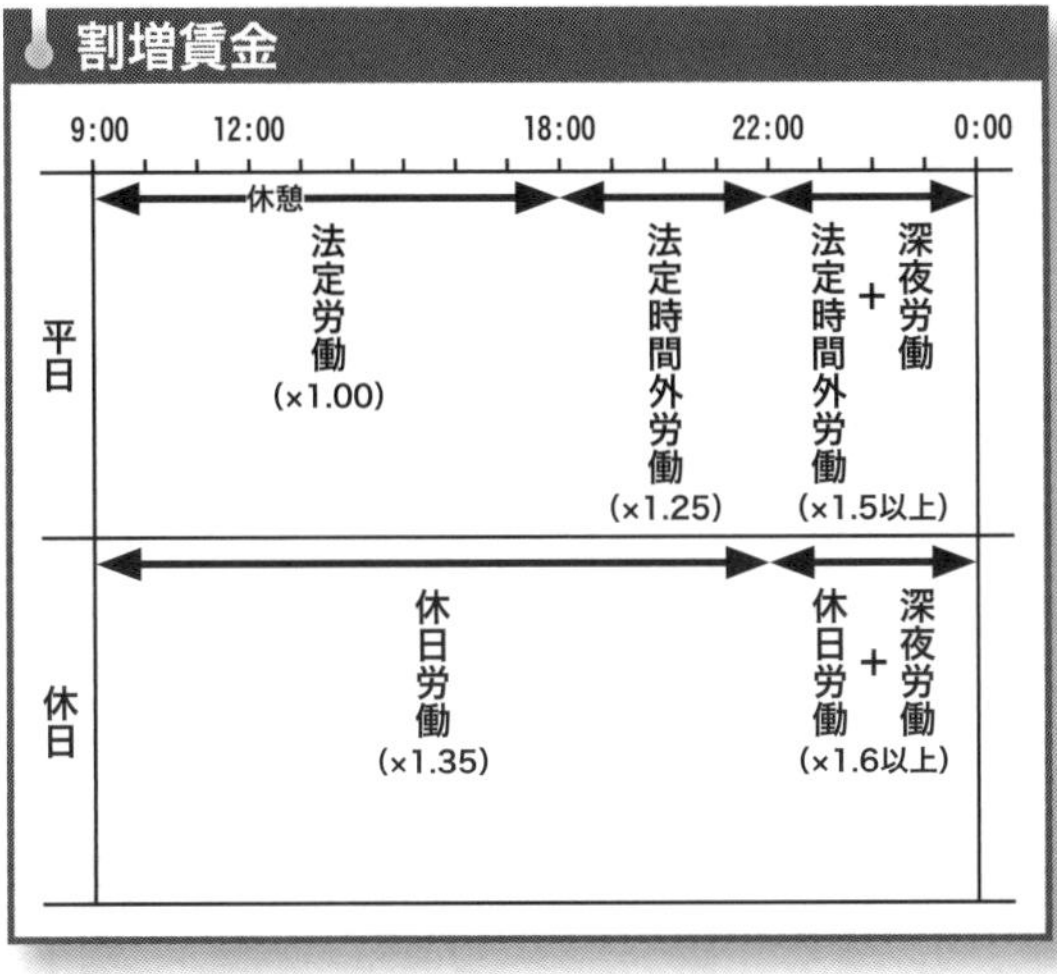

割増賃金の支払を定めています。したがって、所定労働時間外の労働が深夜に及んだ場合は、25％以上の割増賃金が重複し、50％以上の割増賃金を支給しなければなりません。しかし、時間外労働と休日労働が重複しても深夜労働に該当しない限り、50％増の必要はないとされています。

この割増賃金の基礎となる賃金については、家族手当や通勤手当、その他厚生労働省令で定める賃金は算入しないとされています。その他厚生労働省令で定める賃金については、労働基準法施行規則第21条で①別居手当、②子女教育手当、③住宅手当、④臨時に支払われた賃金、⑤1カ月を超える期間ごとに支払われる賃金、と規定されています。

8 賃金の内容と支給方法④　非常時払い・休業手当

労働基準法は、賃金支払5原則の他に、非常時払い・休業手当の原則を規定しています。

非常時払いとは、労働基準法25条で「使用者は、労働者が出産、疾病、災害その他厚生労働省令で定める非常の場合の費用に充てるために請求する場合においては、支払期日前であっても、既往の労働に対する賃金を支払わなければならない」と規定されている原則のことです。「非常の場合」とは、以下のようなケースを言います。

①労働者の収入によって生計を維持する者が出産し、疾病にかかり、または災害を受けた場合

②労働者またはその収入によって生計を維持する者が結婚し、または死亡した場合

③労働者またはその収入によって生計を維持する者がやむを得ない事由により、1週間以上にわたって帰郷する場合

また、休業手当とは労働基準法26条で「使用者の責に帰すべき事由による休業の場合に

平均賃金の計算方法（原則）

平均賃金

$$= \frac{\text{算定事由発生日以前３カ月間に支払われた賃金の総額}}{\text{算定事由発生日以前３カ月間の総日数}}$$

おいては、使用者は、休業期間中当該労働者に、その平均賃金の１００分の60以上の手当を支払わなければならない」と規定されている原則のことです。

「使用者の責に帰すべき事由」とは、たとえば、親会社の経営難により、下請工場が資材資金を獲得できず休業した場合など、使用者が通常の経営者としてなすべきあらゆる手段を講じることのできない場合のことを指します。ただし、天災や労働争議、休電による休業、労働安全衛生法66条の規定による健康診断の結果にもとづいて休業を命じ、または労働時間を短縮し労働させた場合は休業手当を支払わなくてもよいことになっています。

9 労働時間の決め方① 労働時間の法規制

労働時間については、労働基準法に詳細な規定があります。

まず、労働基準法32条で、使用者は、原則として、労働者に、休憩時間を除き1日につき8時間、1週間につき40時間を超えて、労働させてはならないと定めています。

継続勤務の場合は、日をまたぐ場合でも一勤務として取り扱います。たとえば、午後9時から始業し、翌日の午前7時に終業する場合、休憩を1時間としても、労働時間は9時間となり、法制限をオーバーしていることになります。また、出勤を命ぜられ、一定の場所に拘束されている以上、いわゆる手持ち時間も労働時間に含むものとされています。

この「週40時間、1日8時間の原則」を超えて労働時間を延長する場合には、使用者は、当該事業場に、労働者の過半数で組織する労働組合がある場合においてはその労働組合、それがない場合においては労働者の過半数を代表する者との書面による協定をし、これを行政官庁に届け出た場合に、その協定で定めるところによって労働時間を延長し、または

「週40時間労働」の例外

以下の業種で常時使用する労働者（パートタイマー・アルバイトを含む）が10名未満の事業所では、法定労働時間は「週44時間」となる

業種	該当するもの
商業	卸売業、小売業、理美容業、倉庫業、駐車場業、不動産管理業、出版業（印刷部門を除く）その他の商業
映画演劇業	映画の映写、演劇、その他興業の事業（映画製作・ビデオ製作の事業を除く）
保健衛生業	病院、診療所、保育園、老人ホーム等の社会福祉施設、浴場業（個室付き浴場業を除く）、その他の保健衛生業
接客娯楽業	旅館、飲食店、ゴルフ場、公園・遊園地、その他の接客娯楽業

休日に労働させることができることになっています。ただし、坑内労働その他厚生労働省令で定める健康上特に有害な業務の労働時間の延長は、1日について2時間を超えてはなりません（労働基準法36条）。

また、災害その他避けることのできない事由によって、臨時の必要がある場合においては、使用者は行政官庁の許可を受けて、その必要の限度において労働時間を延長し、また休日に労働させることができることになっています。ただし、事態急迫のために行政官庁の許可を受ける暇がない場合においては、事後に遅滞なく届け出なければなりません（労働基準法33条）。

10 労働時間の決め方②　時間外・休日労働

前項で説明したように、使用者は、事業場に労働者の過半数で組織する労働組合がある場合においてはその労働組合、それがない場合においては労働者の過半数を代表する者との書面による協定をし、これを行政官庁（所轄の労働基準監督署長）に届け出た場合においては、時間外（労働時間の延長）および休日に労働させることができます。

これは労働基準法第36条に基づくもので、この協定のことを36（サブロク）協定と言います。36協定の内容は、法定労働時間・休日を超えて労働させる場合ですので、1日8時間を下回る時間や、週休1日以外の休日については、この協定の必要はありません。

36協定で協定すべき事項としては、①時間外または休日労働を必要とする具体的事由、②業務の種類、③労働者の数、④1日及び1日を超える一定期間について延長することのできる時間または労働させることができる休日、⑤協定の有効期間、があります。

有効期間は、労使が自主的に決定するのが原則ですが、労働協約による場合は当然労働

延長時間の限度基準

期間	一般労働者（右の欄以外の労働者）	1年単位の変形労働時間制の対象労働者（期間3ヵ月超）
1週間	15時間	14時間
2週間	27時間	25時間
4週間	43時間	40時間
1ヵ月	45時間	42時間
2ヵ月	81時間	75時間
3ヵ月	120時間	110時間
1年間	360時間	320時間

組合法15条の規定の適用を受けますので、3年を超えることはできません。一般的には1年とする場合が多いようです。

36協定の効力は、いわゆる免罰効果であり、労働基準法違反を回避するだけの効力です。したがって、実際に時間外・休日労働をさせるためには、別途労働契約や就業規則に「時間外・休日労働を命ずることがある」旨の定めが必要になります。

また、36協定は時間外労働を無制限に認めるものではありません。図のように限度基準が設けられています。限度基準を超えた時間外労働は違法となってしまいます。ただし、特定の事業・業務においては限度基準が適用されない場合があります。

11 労働時間の決め方③　特殊な労働時間制度

現代は労働形態の多様化により、労働時間について従来の原則にとらわれないさまざまな制度が認められています。主に次のようなものです。

①変形労働時間制

一定の要件を満たす場合は「1日8時間、週40時間の原則」を超えても法律に違反しないとする制度です。時間帯や時期によって業務の繁閑が激しい業種に認められ、基本的には一定期間の労働時間を平均して週40時間以内であれば、1日8時間を超える労働を認めるというものです。期間は1週単位、1カ月単位、1年単位の3種類があります。

②フレックスタイム制

始業時刻や終業時刻を特定せずに、労使協定で決めた一定期間における総労働時間の範囲内で各労働者が自分で始業・終業時刻を決められるという制度です。コアタイム（労働者全員が働いていなければならない時間帯）を決めることも可能です。

フレックスタイムの例

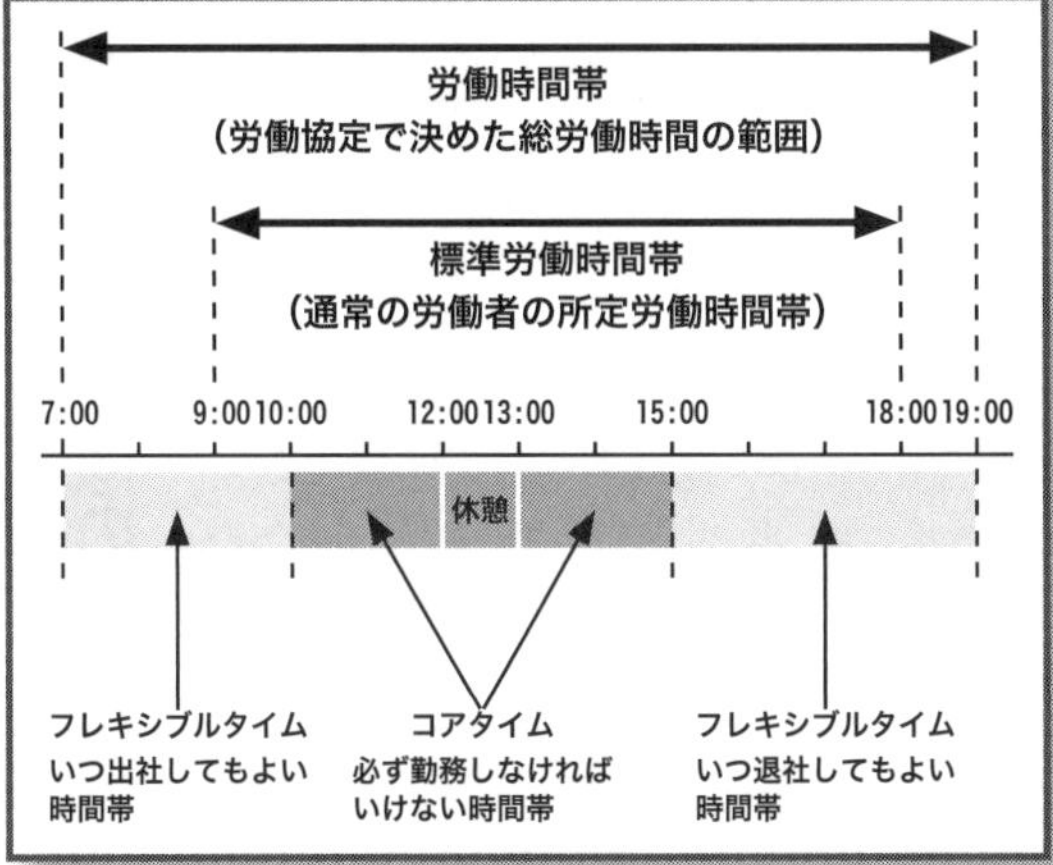

③裁量労働制

業務の性質上その遂行の方法を大幅に従業員の裁量に委ねる必要がある職種（記事の取材または編集、新商品や新技術の研究開発、デザイナー、プロデューサー、ディレクターなど）について、労使協定によって定めた時間を労働したことにする制度です。

④事業場外労働（みなし労働制時間制）

外回りの営業マンのように、労働者が事業所以外の場所で業務に従事する場合で、労働時間の算定が困難であるときに、原則として所定の労働時間を労働したとみなす制度です。ただし、その結果、通常の所定労働時間を超過して働いていたとしても、通常必要とされる時間労働したとされます。

12 休暇・休日・休息の取り扱い① 休日・休暇・休憩の労働法制

休暇・休日・休息についても、労働基準法は詳細な規定を設けています。

まず、休憩については第34条で、労働時間が6時間を超える場合においては少なくとも45分、8時間を超える場合においては少なくとも1時間の休憩時間を与えなければならないとしています。休憩の原則は、一斉に与えることと、自由に利用させることです。

次に、休日については第35条で、毎週少なくとも1日以上、もしくは4週で4日以上の休日を与えなければならないと規定されています。ただし、週40時間の労働時間を超えてはいけませんので、休日の規定には留意が必要です。

さらに、第39条では、使用者は、雇入れの日から起算して6カ月間継続勤務し、全労働日の8割以上出勤した労働者に対して、継続または分割した10労働日の有給休暇を与えなければなりません。また、それ以降1年経過するごとに8割以上の出勤日数がある労働者に対しては、次ページにある日数を追加した有給休暇を与えなければなりません。

年次有給休暇の付与日数

6ヵ月経過日から起算した継続勤務年数	有給休暇付与日数
1年	＋1労働日
2年	＋2労働日
3年	＋4労働日
4年	＋6労働日
5年	＋8労働日
6年以上	＋10労働日

この他、法的に規定されている休暇としては、産前・産後休暇（第65条）、生理休暇（第68条）、育児休暇・介護休暇（育児・介護休業法）があります。産前は6週間、産後は8週間の休暇を与えなければなりません。ただし、産後6週間を経過した女性が請求した場合において、その者について医師が支障がないと認めた業務に就かせることは、差し支えありません。生理休暇は本人の請求によって休暇を与えます。

これらの休暇は法的に有給としての定めはありませんので、労働契約・就業規則の定めがない限り、原則無給でもかまいません。

13 休暇・休日・休息の取り扱い②　休憩の自由利用・休日振替・代休

　休憩時間とは、単に作業に従事しない手持ち時間を含まず、労働者が権利として労働から離れることを保障されている時間の意味であると解釈されています。たとえば、休憩時間中に電話番を命じられた場合、その間に一度も電話がかかって来なくても、その時間は休憩時間にあたりません。休憩時間は自由利用が原則です。

　次に休日振替とは、週休日が一応特定している場合に、これを変更して他の日を休日とし、予定された休日を労働日とすることを言います。この場合、予め一定の条件のもとに変更する旨を就業規則に定めておかなければなりません。休日の振替を行うに当たっては、休日を振り替える前に予め振り替えるべき日を指定して行わなければなりません。また、休日の振替は遅くとも前日の労働時間中に労働者に知らせなければなりません。就業規則などにおいて定めるところにより休日を振り替える場合には、休日労働させたことにはなりませんから、割増賃金を支払う必要がありません。ただし、前休日から振替休日までの

振替休日と代休の違い

	振替休日	代休
意味	あらかじめ定めてある休日を、事前に手続して他の労働日と交換すること。休日労働にはならない。	休日に労働させ、事後に代わりの休日を与えること。休日労働の事実は変らず、帳消しにはならない。
要件	(1)就業規則等に振替休日の規定をする (2)振替日を事前に特定 (3)振替日は４週の範囲内 (4)遅くとも前日の勤務時間終了までに通知	特になし。ただし、制度として行う場合、就業規則等に具体的に記載が必要（代休を付与する条件、賃金の取り扱い等）。
賃金	同一週内で振り替えた場合、通常の賃金の支払でよい。週をまたがって振り替えた結果、週法定労働時間を超えた場合は、時間外労働に対する割増賃金の支払が必要。	休日労働の事実は消えないので、休日労働に対する割増賃金の支払いが必要。代休日を有給とするか無給とするかは、就業規則等の規定による。

間が40時間の労働時間を超える場合は超えた時間について時間外手当が必要となります。

休日振替と違い、代休の場合は、休日に労働した者に対して、休養をとらせる趣旨などで労働日に休ませるものです。本来は休日労働に対する割増賃金を支払えば、それで休日は消滅し、代休を与える法律上の義務はないわけですから、代休を与えることで労働条件をよりよくするといった意味合いが強いようです。代休の場合は休日に労働しているわけですので、割増賃金の支払が必要になります。ただし、代休を与えることにより１日分の賃金は相殺されますので、２割５分の部分だけでよいことになります。

14 休暇・休日・休息の取り扱い③　年次有給休暇の実務

　使用者は、その雇入れの日から起算して6カ月間継続勤務し、全労働日数の8割以上を出勤した労働者に対して、10日間の有給休暇を与えなければなりません。

　ここでいう全労働日数とは、労働契約上労働義務の課せられている日のことを言い、労働者が業務上負傷し、または疾病にかかり療養のために休業した期間、及び育児休業、介護休業をした期間、ならびに女性が産前産後休業をした期間は出勤したものとみなされます。生理休暇や就業規則で定められた慶弔休暇については、使用者ないし労使当事者がその性質を定めることができるものなので、出勤率の算定にあたり欠勤として取り扱うこともできます。

　パートタイマーやアルバイトも労働者であり、正社員と同様に請求があれば年次有給休暇を与えなければなりません。ただし、週所定労働時間が30時間未満で、かつ所定労働日数が週4日以下のパートタイマーやアルバイトについては、労働日数に応じて権利として

週所定労働時間が30時間未満の労働者の年次有給休暇

		4日	3日	2日	1日
週所定労働日数		4日	3日	2日	1日
年間所定労働日数		169～216日	121～168日	73～120日	48～72日
継続勤務年数（H6・4・1～）（）はH5・9・30以前の雇入者	0.5	7	5	3	1
	1.5	8	6	4	2
	2.5	9	6	4	2
	3.5	10	8	5	2
	4.5	12	9	6	3
	5.5	13	10	6	3
	6.5(8.0)以上	15	11	7	3

発生する休暇日数が少なくなります。

また、有給休暇は、労働者が請求する時季に与えなければなりません。ただし、事業の正常な運営を妨げる場合においては、他の時季にこれを与えることができます。年次有給休暇の請求権の時効は2年です。10日間の有給休暇を取得した労働者が、1年間請求権を行使せず、新たに11日間有給休暇を取得した場合は、前年の日数と合わせて21日間の有給休暇を請求することができるわけです。

労働者が年次有給休暇をどのような目的に利用するかは、まったく自由とされています。また、年次有給休暇は労働者の権利ですから、この取得を抑制するような不利益な取り扱いは認められません。

15 休暇・休日・休息の取り扱い③　育児休業・介護休業

育児休業制度と介護休業制度はそれぞれ子どもの養育、家族の介護を行う労働者が育児・介護休業法に基づいて取得できる休業です。

①育児休業制度

労働者は事業主に申し出ることによって、子どもが1歳（一定の場合は1歳6カ月）に達するまでの間に育児休業を取得することができます。

②介護休業制度

労働者は事業主に申し出ることによって、対象家族1人につき、要介護状態に至るごとに1回介護休業をとることができます。期間は通算して93日です。対象となる家族は、配偶者、父母、子、配偶者の父母、労働者が同居して扶養している祖父母、兄弟姉妹、孫です。

③子の看護休暇

小学校就学前の子を養育する労働者は、事業者に申し出ることによって、1年に5日ま

育児休業制度

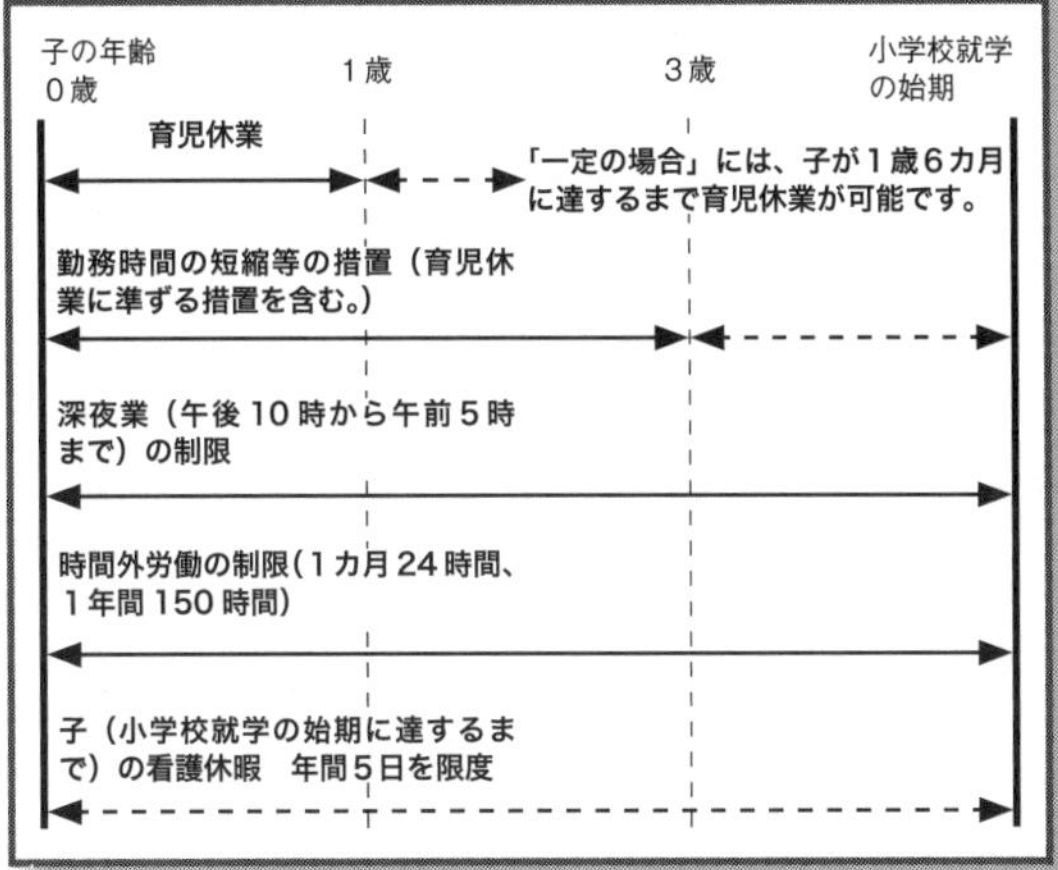

で、病気やケガをした子の看護のために休暇を取得することができます。

④時間外労働の制限・深夜業の禁止

事業主は、小学校就学前の子どもの養育や対象家族の介護を行う一定範囲の男女労働者が請求した場合は、事業の正常な運営を妨げる場合を除いて、1カ月に24時間、1年に150時間を超える時間外労働をさせてはならないほか、深夜（午後10時から午前5時まで）に労働させてはなりません。

⑥不利益取り扱いの禁止

事業主は育児・介護休業の制度を申し出たこと、または制度を利用したことを理由に、労働者に対して解雇やその他の不利益な取り扱いをしてはなりません。

16 配転・出向のしくみと留意点①

配転・出向の法的根拠

配転とは、仕事の場所や内容などを変更する配置転換のことで、その中でも住所の変更を伴う事業場間の異動を転勤と呼んでいます。一方、出向とは、企業外別法人への人事異動のことで、通常は出向先企業の指揮監督を受けて労務を提供します。出向元に労働者としての地位を残して出向するものを在籍出向、出向元を退職して出向するものを移籍出向（転籍出向）と呼んでいます。

労働基準法では、使用者に雇い入れ時に労働条件の明示を義務づけていますが、就業場所および従事すべき業務についても明示条件になっています。つまり、配転とは明示した労働条件の内容変更ということになり、配転を命ずるためには労働契約・就業規則に「業務の必要により労働者に配転を命ずることがある」旨を規定しておく必要があります。ただし、このような規定を設けていても、限度を超えるような配転命令は権利の濫用として無効とされますので、注意が必要です。

配転・出向

配転 ＝同一企業内での配置転換

出向 ＝他企業への異動

- **在籍出向**
  現在の会社との労働契約は存続
- **移籍出向**
  現在の会社との労働契約は解消し、
  新たに出向先との労働契約を締結

一方、出向の場合は、労務の提供先が第三者である出向先企業に変更になる点で、配転とは法律的に大きな違いがあります。民法第625条では、本人の同意なく出向命令は出せないものとしています。本人の同意とは、出向を命じたときに本人が承諾するものだけではなく、労働契約の約定で入社時に出向を承諾している場合、そのほか、出向制度が就業規則に明文化されている場合なども含むと考えられます。しかし、それだけではトラブルの発生要因になり得ます。したがって、出向を命ずるためには就業規則の定めの中に出向の諸条件まで具体的に規定しておく必要があります。

17 配転・出向のしくみと留意点②　配転・出向の命令の限界

配転や出向が労働者の労働条件や生活条件に大きな影響を与えるものである以上、使用者が配転・出向権限を行使するについては自ずと限界があると考えなければなりません。

まず、労働契約の締結にあたって、その労働者の就業場所や職務内容について限定している場合は、労働者の同意を得る必要があります。たとえば、専門の資格・技術を持つ者を一般事務に配転したり、住居の変更を伴うような勤務地の変更の場合は本人の同意が必要です。ただし、申込票や新聞広告・求人雑誌などで職種を明示して募集していることのみを取り上げて、終身その職種に限定する合意が成立しているとみることはできませんし、全国規模の企業が本社で一括採用する新規大卒者の場合、通常は将来の管理者として考えられることから、転勤や職種の変更についてその権限を使用者に委ねているとみられます。

配転・出向命令について争う裁判では、常に業務上の必要性と人選の合理性が重要な判断要素となっています。業務上における配転・出向の必要性が真実でなく、上司の好き嫌

いや、他の不当な動機ないし目的をもってなされたときは無効とされます。また、人選においても他に多くの従業員がいる中で、その人が選ばれる積極的な理由が必要です。
　また、業務上の必要性と人選の合理性が認められても、労働者の不利益が著しいときは、権利の濫用として無効とされる判例もあります。著しく経済面の困窮が予測されたり、生活環境を根底から覆すような事情がある場合は無効とされるケースが見受けられます。
　また、配転命令が反労働組合的意図を持っていたり、組合活動の弱体化をもたらす場合は不当労働行為として無効とされます。特に組合役員の配転に関しては、その可能性が強いと考えられますので注意が必要です。

18 配転・出向のしくみと留意点③ 出向に伴う留意点

在籍出向は、出向元と出向先との二重の労働関係が生じることから、就業規則の適用など、いくつか留意すべき点があります。

就業規則は出向元と出向先とでは異なるケースがほとんどですので、たとえば、労働時間、休憩、休日、服務規程などの実際の指揮監督権に関わる部分は出向先の就業規則を、解雇や退職などの身分関係に関する部分は出向元の就業規則を適用するといったやり方が考えられます。それに伴って、労働基準法上の使用者責任もそれぞれの使用権限に応じて発生し、労働時間、休憩、休日などの法定基準の遵守や安全衛生の確保、災害補償などは出向先が義務を負わなければなりません。

出向先の労働条件が異なる場合、一般的には出向先の所定労働時間を超える分を時間外労働としたり、あるいは定額の手当を支給するという形で補填する基準がとられたら、年次有給休暇の付与について出向元の勤務年数を通算することもあります。

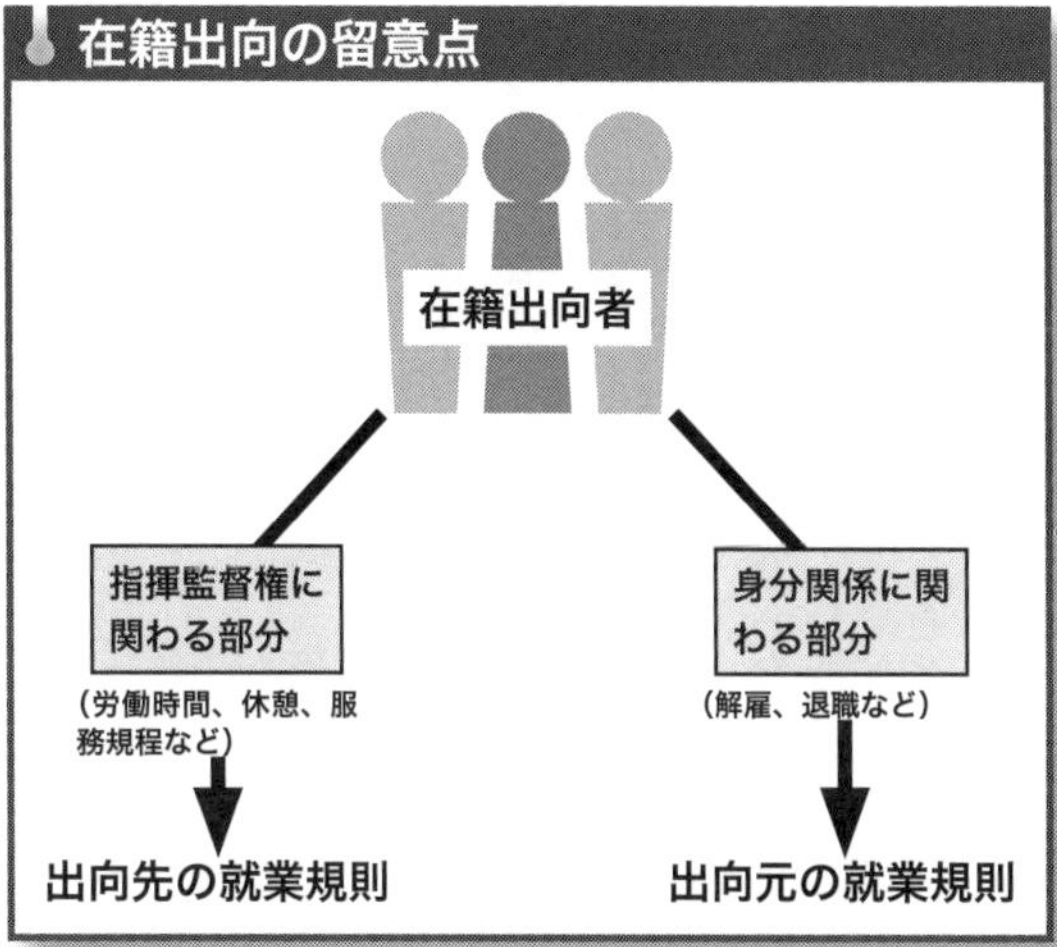

出向元と出向先とで賃金体系が異なり、労働者に不利益が生じる場合は、本人の同意がない限り不利益な変更は認められません。この場合はその差額を補償する必要が生じます。

また、退職金に関しては、復帰の時点で出向先が直接支払うケースは少なく、一般的には出向期間も通算して、出向元の退職金規定によって支払うケースがほとんどです。

出向先において、指揮命令違反や職場秩序違反などの行為があった際は、当然労務の提供を受ける職場である出向先の就業規則に基づくのが当然です。ただし、労働者の身分関係は出向元にありますので、このような場合はいったん出向を解いた上で、出向元の就業規則によって懲戒処分することになります。

19 退職をめぐる諸問題① 自己都合退職と会社都合解雇

労働契約の終了には、労働者の方から労働契約を終了させる自己都合退職と、会社の都合により労働契約を終了させる解雇の2つがあります。

自己都合退職については民法627条による規制を受けることになります。同条は「雇用の期間を定めなかったときは、各当事者はいつでも解約の申入れをすることができ、解約の申入れの日から2週間を経過することによって労働契約は終了する」と定めています。したがって、就業規則で「退職を希望する場合には、遅くとも1カ月前に退職届を提出し、会社の承認を得なければならない」と規定していても、効力がないことになります。

一方、会社都合解雇については、労働基準法で様々な規制があります。まず、客観的に合理的な理由を欠き、社会通念上相当であると認められない場合は、権利の濫用として、解雇は無効とされます（18条の2）。次に、労働者が業務上負傷し、または疾病にかかり療養のために休業する期間およびその後30日間並びに産前産後の女性が第65条の規定によ

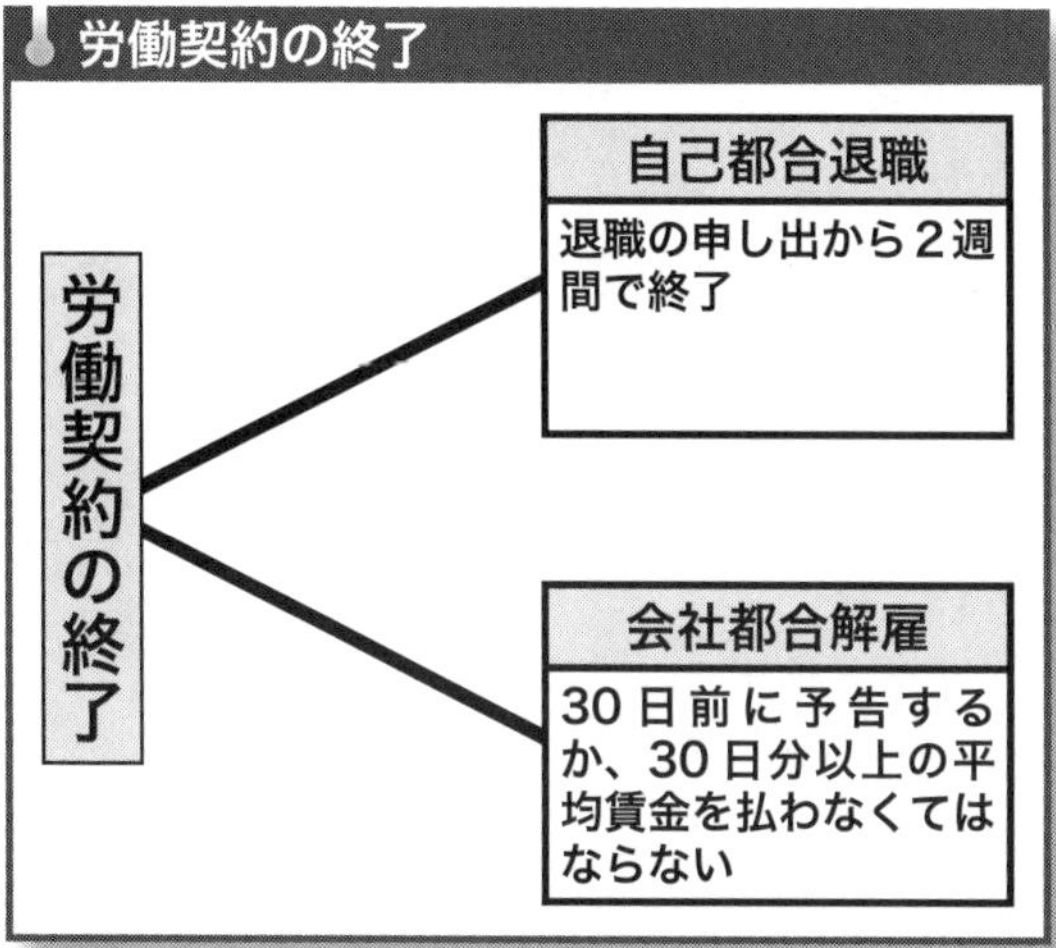
労働契約の終了
労働契約の終了
自己都合退職
退職の申し出から２週間で終了
会社都合解雇
30日前に予告するか、30日分以上の平均賃金を払わなくてはならない

って休業する期間およびその後30日間は解雇してはならない（同19条）ことになっています。また、労働基準法または同法に基づいて発する命令に会社が違反する事実を行政官庁または労働基準監督官に申告したことを理由とする解雇（同１０４条）や、労働組合の組合員であること、労働組合に加入もしくはこれを結成しようとしたこと、もしくは労働組合の正当な行為をしたことを理由とする解雇やその他不当労働行為となる解雇（労働組合法７条）は禁止されています。

会社都合解雇の場合、使用者は、少なくとも30日前にその予告をするか、30日分以上の平均賃金を支払わなければならないことになっています（同20条）。

20 退職をめぐる諸問題② 退職金

労働基準法89条3の2では、「退職手当の定めをする場合においては、適用される労働者の範囲、退職手当の決定、計算及び支払の方法並びに退職手当の支払の時期に関する事項」も行政官庁へ届け出る就業規則の項目として挙げられています。そして、退職金も支給条件が就業規則その他で明白になっている場合には、法律上の賃金に該当します。

退職金が法律上賃金として扱われる以上、労働基準法の賃金の支払原則の適用を受け、直接払いが原則となり、また全額払いの原則に基づき、使用者が労働者に対して有する債権、あるいは損害賠償金との相殺は許されないことになります。ただし、不正が発覚したり、あるいは本人が認めた場合に未支給の退職金を本人の合意を得て、損害賠償に充当し相殺することはさしつかえないという判例があります。また、退職金規定の変更については、賃金規定の変更と同様、労働者に不利益になる一方的な変更は原則として認められず、合理的であるものである場合に限って、個々の労働者の同意がなくても変更できるものと

退職金の支払い時期

就業規則に退職金に関する規程があり、「賃金」と見なされる場合

①	使用者は労働者が退職する場合、請求があったときは7日以内に退職金を支払わなければならない（労働基準法23条1項）
②	ただし、就業規則等に退職金の支払い時期を定めた場合は、その規定による

されています。

労働者が死亡したときの退職金については、退職金規定などで別段の定めがない場合は民法の一般原則に基づいて遺産相続人に支払うことになります。就業規則や退職金規定で、遺産相続人ではなく、労働基準法施行規則42条、43条の遺族補償を受けるべき者の順位を準用してもかまいません。

労働者が退職金を放棄する意思表示をした場合、「それが労働者の自由な意思に基づくものであると認めるに足りる合理的な理由が客観的に存在するときは有効」とされています。

なお、通常の賃金の請求権の時効は2年であるのに対して、退職金の請求権の時効は5年になっています。

21 退職をめぐる諸問題③　競業禁止

企業としては、従業員が退職した後、同業の会社に就職したり、自営で同業の会社を始めることは、その者が企業機密に属することを知っていればいるほど、阻止したいものです。そこで、「退職後2年間、周辺地域の競合会社に就職しない」などの競合禁止契約を結ぶ企業もあります。しかし、法的解釈ではこのような競合禁止契約には限界があります。

判例では、在職中に習得した知識・技術は労働者の人格的財産の一部であり、これを退職後にどのように利用していくかは自由であり、特約もなしにこの自由を拘束することはできないとしています。つまり、原則として、労働者が退職後、同業の会社に就職もしくは自営で会社を始めても、それを不当に制限することは公序良俗に反するというわけです。

しかし、「当該使用者のみが有する特殊な知識は、使用者の客観的財産で、いわば営業上の秘密として保護されるべき法益であるから合理的な範囲で競業を禁止することができる」とした判例があります。これによると、「その禁止内容の制限の期間・場所的範囲・

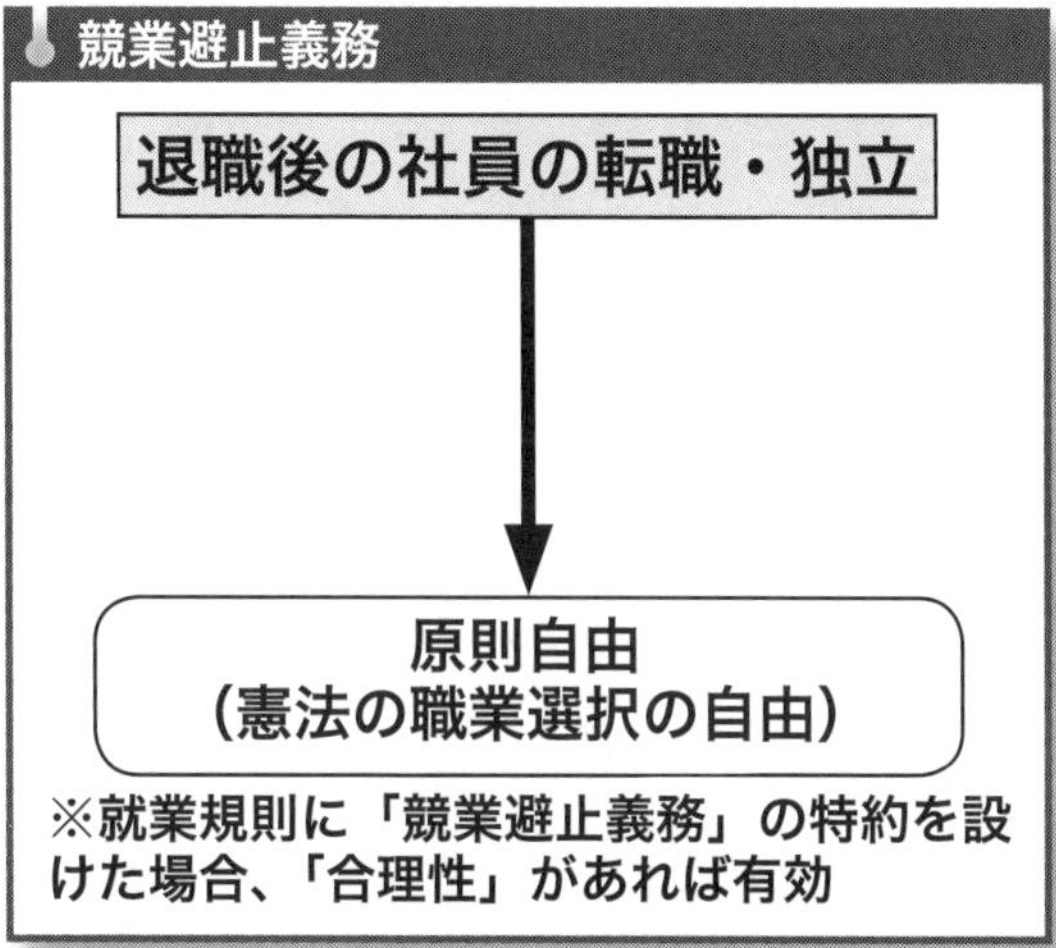
競業避止義務
退職後の社員の転職・独立
原則自由
（憲法の職業選択の自由）
※就業規則に「競業避止義務」の特約を設けた場合、「合理性」があれば有効

対象となる職種の範囲・代償の有無について、企業秘密の保持・転職再就職の自由・独占集中の恐れ」を検討して判断されるとしています。この事例は重要秘密技術に関与していた社員が機密保持手当てを支給されていたということと、禁止期間が2年間だったことを要因として競業禁止契約を有効としました。

同業他社に就職した場合、退職金を減額する旨の規定については、基本的には問題ないとされています。退職金には後払い賃金的な性格と功労報奨的な性格の二面があり、競業への転職に対して功労報奨の側面での評価を減殺する趣旨であるととらえれば、退職金を一般の自己都合の退職金の半額まで減額することは違法ではないとする判例があります。

22 懲戒処分とその限界①　懲戒処分の意義と懲戒の種類

懲戒は、行為者に一定の不利益制裁を加えることによって本人の理性と意思のあり方を矯正することを目的とし、併せて他の労働者に対しても、経営秩序尊重の観念を喚起しようとする他戒の目的を持つものと解されています。

通常、就業規則で定められている懲戒の種類は、軽いものから、①譴責《けんせき》（戒告）、②減給（昇給停止、降格）、③出勤停止、④諭旨《ゆし》解雇、⑤懲戒解雇があります。

戒告と譴責はほぼ同様の処分で、行為者を叱ることであり、通常は始末書を提出させて戒める方法です。軽い処分とはいえ、本人の昇進などの査定に影響を及ぼします。

減給、昇給停止、降格は賃金における制裁を加えるものです。労働基準法91条では「減給は、一回の額が平均賃金の1日分の半額を超え、総額が一賃金支払期における賃金の総額の10分の1を超えてはならない」と規定しています。

出勤停止は、一定の期間出勤を停止するもので、「始末書を提出させ、7日以内の出勤

懲戒の種類

①譴責（戒告）	義務違反に対して警告し、始末書を提出させる
②減給（昇給停止、降格）	賃金の一部をカットする
③出勤停止	一定期間、出勤を停止し、勤労を拒否する
④諭旨解雇	退職勧告を行い、退職させる（依願退職）
⑤懲戒解雇	予告なしに即時退職させる

を停止し、謹慎を命ずる。出勤停止期間の賃金は支給しない」などと、労務の提供を禁止することによって、職場の秩序の回復維持を図るとともに、他の労働者の戒めとするものです。

懲戒解雇は予告期間なしに直ちに解雇する制度で、一般的には退職手当を支給しません。懲戒の中でも最も重く、重大な秩序違反の行為があった場合にとる措置ですので、慎重に取り扱う必要があります。同じ解雇でも諭旨解雇は、依願退職を勧告して退職させる場合で、これに応じなければ懲戒解雇することになります。諭旨解雇の場合の退職金は自己都合の退職として支給される場合と、退職金の一部または全部を支給しない場合があります。

23 懲戒処分とその限界② 懲戒処分の限界

懲戒を企業の権限として一方的に認めると、労働者にとっては苛酷なものになってしまいます。判例は懲戒権の濫用を阻止するために様々な法理を展開しています。

第一に「罪刑法定主義類似の諸原則」です。企業の懲戒権の根拠としては、就業規則の中の懲戒条項が労働者の同意を得た労働契約の内容となっているがゆえに、効力を持つとされています。したがって、就業規則に懲戒の事由と種類の基準の定めがなければ、企業には懲戒処分、とりわけ懲戒解雇をなす権限はなく、就業規則の定めに準拠して行われた処分のみが有効とされています。

第二に、違背行為の軽重の度合いに応じて、懲戒処分も自ずから軽重の差を設けるべき拘束を受け（相当性の原則）、同程度の違背行為については同程度の懲戒処分を行うべきだとしています（平等扱いの原則）。つまり、違背行為と処分のバランスがとれていなければならず、また、同程度の違背行為で一人は減給処分、一人は懲戒解雇といった不平等

懲戒処分通知の例

懲戒処分通知

赤坂太郎　殿

平成○○年○月○日の食堂調理場におけるガス爆発事故は、貴殿のパイプ交換作業の指示に重大なミスがあったことに直接原因するものであり、貴殿のかかるガス漏れ防止義務違反および火災防止義務違反行為は当社就業規則第７条所定の禁止行為に該当します。同条の定めに従い、社内賞罰委員会において慎重に審議を重ねた結果、このたび貴殿を平成○○年○月○日から５日間の出勤停止の懲戒処分に処することに決定しましたので、ここに通知します。

平成○○年○月○日

溜池ランド株式会社
総務部長　鈴木太郎　㊞

は認められないということです。

第三に、処分の手続きに重大な落度があれば懲戒処分の効力は認められません（適正手続きの原則）。就業規則に定められている手続きを踏まなかった場合や、本人に弁明の機会を与えない、証拠不十分のままの処分といった場合には重大な落度があると言えます。

その他、判例では出勤停止の処分の場合、就労拒否が使用者の帰責事由でない限り出勤停止期間中の賃金は支払わなくてよいとしている事例や、懲戒解雇において退職金の不支給が認められるのは、就業規則に定めがあり、功労を抹消（全額不支給の場合）・減殺（一部不支給の場合）するほどの不信行為がある場合に限られるとした事例があります。

24 懲戒処分とその限界③　懲戒解雇

懲戒解雇が通常の解雇と異なる点は、解雇予告の手続きをしない即時解雇であるということと、退職金の全部または一部を支給しないということにあります。

退職金を支給しないことは違法であるとする見解もありますが、退職金制度を設けるか否かは労働協約または就業規則で自由に定められることであり、懲戒解雇の場合、全部または一部を支給しないと定めることも自由であると解されています。この場合、就業規則にその旨が定められていることが要件とされていますが、功労を抹消・減殺するほどの不信行為がなければ支払わなければならないとした判例もあるので注意が必要です。

通常解雇の場合、労働基準法はその20条で、使用者は労働者を解雇しようとする場合、少なくとも30日前にその予告をしなければならず、30日前に予告をしない使用者は、30日分以上の平均賃金を支払わなければならないと定めていますが、懲戒解雇の場合は同条の但書に「労働者の責に帰すべき事由に基いて解雇する場合においては、この限りでない」

懲戒解雇における解雇予告除外の認定基準

①　極めて軽微なものを除き、職場内での盗取、横領、傷害など刑法犯に該当する行為があったとき

②　賭博、風紀紊乱等により職場規律を乱した場合

③　採用条件の要素となるような経歴の詐称

④　他事業への転職

⑤　２週間以上正当な理由がなく無断欠勤し、出勤の催促に応じない場合

と、解雇予告の除外としています。ただし、同条3項により労働基準監督署の認定を受けなければ解雇予告の除外とはなりません。

認定基準については、①極めて軽微なものを除き職場内での盗取、横領、傷害など刑法犯に該当する行為があったとき、②賭博、風紀紊乱《びんらん》等により職場規律を乱した場合、③採用条件の要素となるような経歴の詐称、④他事業への転職、⑤2週間以上正当な理由がなく無断欠勤し、出勤の催促に応じない場合、といった労働者を保護するに値しないほどの重大または悪質な義務違反ないし背信行為が労働者に存する場合としています。認定が受けられなかった場合は、通常解雇として予告手当を支払わなければなりません。

26 安全衛生と福利厚生　①労働災害と企業負担

労働基準法83条は、労働者が業務上および通勤途上において死傷病（労働災害）した場合において、事業主がなすべき補償について定めています。これらの補償を受ける権利は、労働者の退職によって変更されることはありません。

まず、75条において、労働者が業務上負傷し、または疾病にかかった場合においては、使用者は、その費用で必要な療養を行い、または必要な療養の費用を負担しなければならないと規定しています。つまり、業務上においての死傷病である以上、その療養費は会社が負担すべきとしているわけです。療養が長期にわたる場合、3年経過した段階で、平均賃金の1200日分の打切補償を行い、補償を打ち切ることができます（81条）。

次に、76条において、業務上での傷病が原因で働くことができず、賃金がもらえないときには、その間の生活を保障するために平均賃金の60%を支払うこととしています。

また、業務上負傷し、または疾病にかかり、治った場合において、その身体に障害が存

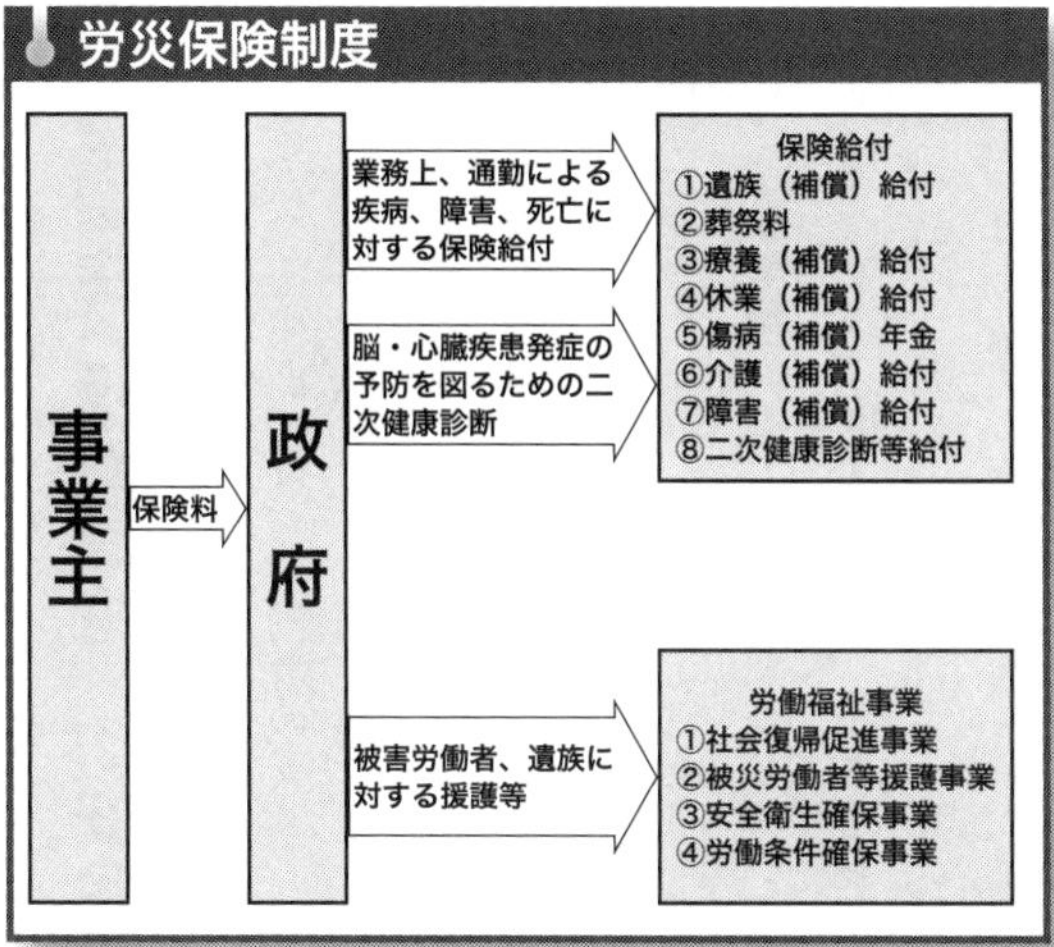

するときは、使用者はその障害の程度に応じて障害補償を（77条）、労働者が業務上死亡した場合においては、遺族に対して遺族補償を行わなければなりません（79条）。

業務上の疾病および療養の範囲は厚生労働省令で定める（75条2項）とし、近年では過労などでうつ病となった場合においても、労災として認定された例もあります。

このように、労働者においての補償制度は、労働者を保護するための制度として法律上確立していますが、企業に支払能力がなければ労働者を守ることをできません。そこで「保障」と「補償」を確実なものとするために、企業は労災保険への加入を義務づけられています（労働者災害補償保険法第3条）。

26 安全衛生と福利厚生 ②安全衛生管理体制の確立

労働安全衛生法では、労働者の安全と健康を確保するのは事業者の義務とし、安全衛生管理体制の確立を規定しています。

まず、事業者は、政令で定める規模の事業場ごとに総括安全衛生管理者を選任し、安全管理者、衛生管理者または技術的事項を管理する者を指揮させると同時に、①労働者の危険または健康障害を防止するための措置に関すること、②労働者の安全または衛生のための教育の実施に関すること、③健康診断の実施その他健康の保持増進のための措置に関すること、④労働災害の原因の調査および再発防止対策に関すること、⑤その他、労働災害を防止するため必要な業務で、厚生労働省令で定めるものの統括管理をさせなければなりません。政令で定める規模とは、①建設業、運送業、清掃業務等屋外産業的業種で100人以上、②製造業（物の加工業含む）、電気業等工業的業種で300人以上、③その他の業種で1000人以上の規模です。さらに、総括安全衛生管理者を補佐する者として、前

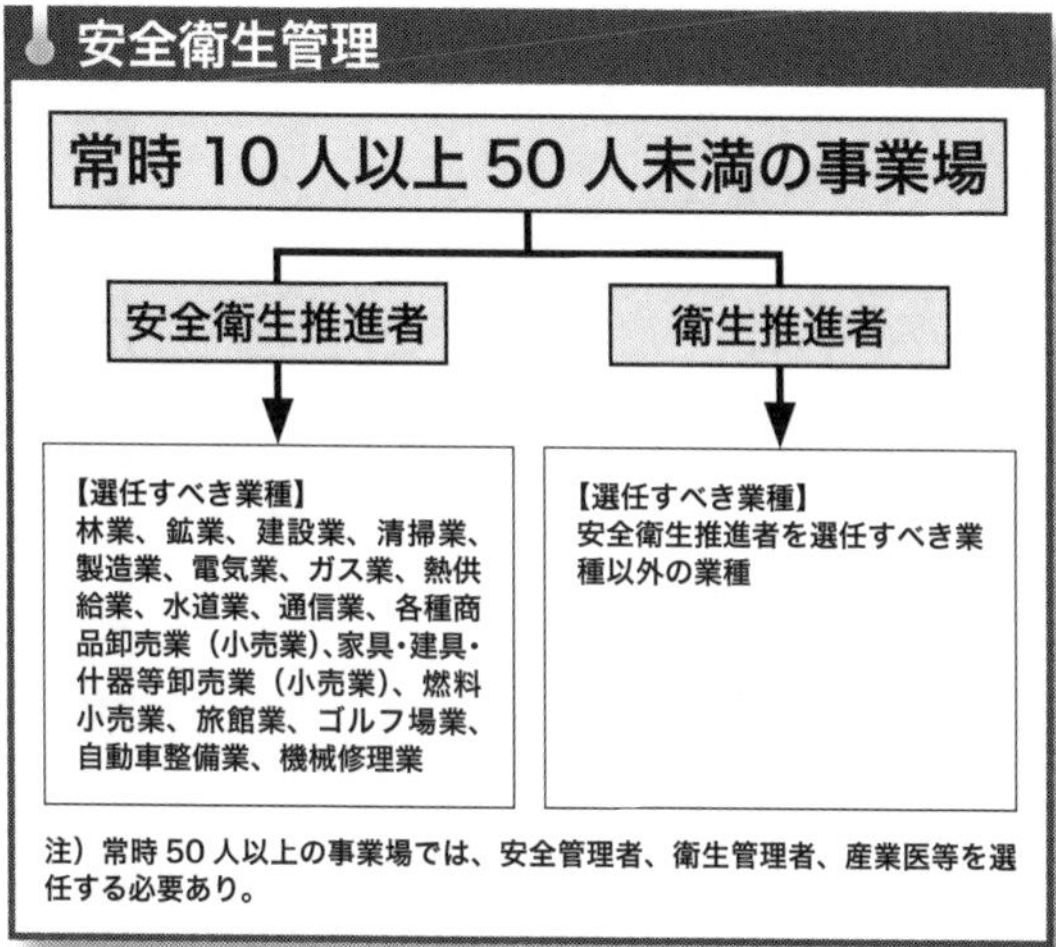
安全衛生管理
常時 10 人以上 50 人未満の事業場
安全衛生推進者
衛生推進者
【選任すべき業種】
林業、鉱業、建設業、清掃業、製造業、電気業、ガス業、熱供給業、水道業、通信業、各種商品卸売業（小売業）、家具・建具・什器等卸売業（小売業）、燃料小売業、旅館業、ゴルフ場業、自動車整備業、機械修理業
【選任すべき業種】
安全衛生推進者を選任すべき業種以外の業種
注）常時 50 人以上の事業場では、安全管理者、衛生管理者、産業医等を選任する必要あり。

述の①および②の業種で常時50人以上の規模の事業場において、安全管理者を選任して安全に係る技術的事項を管理させなければならないとしています。

その他、業種に関係なく常時50人以上の労働者を使用する事業場では衛生管理者を、安全管理者・衛生管理者の専任を要する事業場以外の事業場で、常時10人以上50人未満の労働者を使用する事業場ごとに**安全衛生推進者**または**衛生推進者**を選任し、総括安全衛生管理者が統括管理するものとされている業務を担当させなければなりません。

同法ではその他、各事業場の条件により、産業医、作業主任者、安全委員会、衛生委員会などの選任、設置を義務づけています。

27 労働組合の結成と活動① 労働組合の結成

労働組合とは、「労働者が主体となって自主的に労働条件の維持改善その他経済的地位の向上を図ることを主たる目的として組織する団体またはその連合団体」を言います（労働組合法2条）。したがって、労働者が主体となって組織した団体でも、文化、スポーツなどのクラブ的な団体は労働組合に含まれません。労働組合は2人以上の労働者で結成できます。

労働者のための組合ですから、会社の取締役や監査役が組合員になれないのは当然ですが、労働組合法2条1号で、「雇入解雇昇進または異動に関して直接の権限を持つ監督的地位にある労働者、使用者の労働関係についての計画と方針とに関する機密の事項に接し、そのためにその職務上の義務と責任とが当該労働組合の組合員としての誠意と責任とに直接に抵触する監督的地位にある労働者、その他使用者の利益を代表する者」は組合に加入できないものとしています。一般的には課長職以上の管理者がこれにあたります。

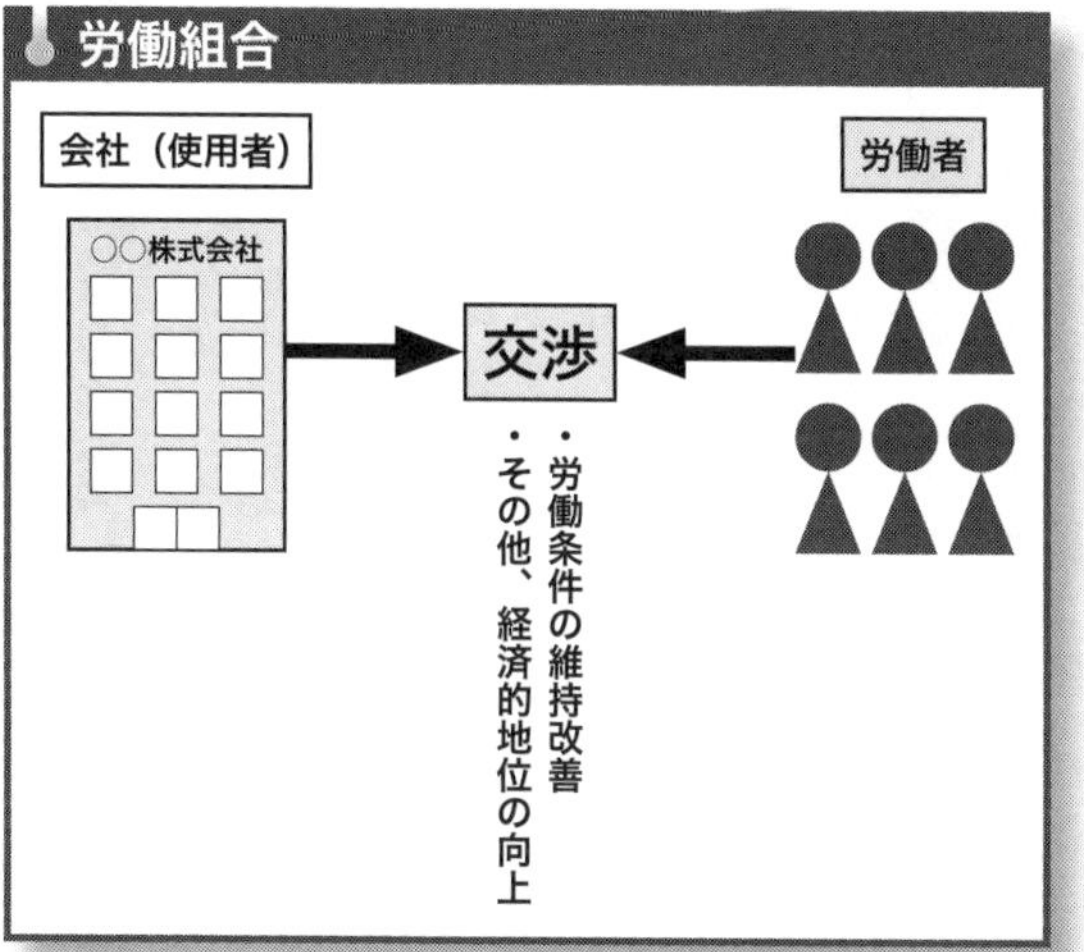

労働組合を結成したら、設立の目的、組合員資格、役員構成、活動内容など、労働組合法5条2項に基づいた組合規約を作成する必要があります。

組合を結成したら、通常は会社にその旨を通告します。その際、会社へ組合員名簿や組合規約を提出する義務はありません。しかし、会社としては、労働組合と協議して合意した事項は、その組合員に対して実施しなければならず、適用対象者が不明では不都合が生じますので、その際は会社側は労働組合に対して、組合員を明らかにするように要求しても差し支えありません。

また、組合を結成した際、関係官庁への届出や承認も一切必要ないことになっています。

28 労働組合の結成と活動② 労働組合活動と不当労働行為

労働組合は、使用者に対して組合員の労働条件、賃金、福利厚生、安全衛生、労災防止などの改善のために要求を提出することができます。しかし、役員や管理者の任免、経営方針、経営組織、会社施設の改廃など、使用者の専権的事項に対しての要求はできません。

労働組合活動の最たるものは、団体交渉です。団体交渉の申し入れがあった際は、使用者は正当な理由がない限り拒絶することはできません。団体交渉の日時と場所は、労使間で話し合って決めます。交渉の時間は勤務時間外とするのが原則ですが、使用者が認めれば勤務時間内でもかまいません。交渉の出席者は労使双方とも最終的に権限を持つ者であれば誰でも可能です。通常は会社側からは会社役員、組合側からは組合役員が出席します。

団体交渉の他に、日常において組合員に対する教育宣伝、連絡・通報なども組合活動の一環です。これらの組合活動は原則として始業時間前、もしくは終業後、または休憩時間といった勤務時間外に行わなければなりません。

使用者がしてはならない不当労働行為

①	労働組合への加入、組合の結成、その他労働組合の正当な行為をしたことなどを理由に、その労働者を解雇したり、不利益な取扱いをすること
②	労働組合に加入せず、または労働組合から脱退することを雇用条件とすること
③	正当な理由なく、団体交渉を拒否すること
④	労働組合の結成、運営に介入したり、労働組合に対して経理上の援助をすること

労働組合法7条では、使用者がしてはならない行為（不当労働行為）を定めています。

まず、労働者が労働組合の組合員であること、労働組合に加入し、もしくはこれを結成しようとしたこと、もしくは労働組合の正当な行為をしたことを理由として、その組合員の給与を不当に低く抑えたり、昇進・昇格を遅らせたり、職場を異動させる、まして解雇することなどをしてはなりません。また、正当な理由なしに労働組合の団体交渉の申し入れを拒んではなりません。さらに、労働者が労働組合を結成、もしくは運営することを支配、もしくは介入すること、または労働組合の運営のための経費の支払につき経理上の援助を与えることをしてはなりません。

29 労働組合の結成と活動③　労使間の紛争と処理

労使間の紛争は、話合いで円満に処理するのが最も望ましいものです。そのため、労使間で労使協議会を設け、定期的・臨時的に意思疎通を図る制度が普及しています。団体交渉と比べ平穏裡に組合側からは労働条件、賃金その他の待遇に対しての要望・提案をし、使用者側からは経営方針、経営計画などを説明し、相互理解のもとに解決していく方法です。それでもなお合意に達しない場合は団体交渉に切り替えていきます。

労使協議会や団体交渉で合意に達した場合は、労働協約として書面にして、両当事者が署名または記名押印することによって効力を生じます。労働協約の内容は労働条件や待遇事項のほか、協約適用範囲、組合活動や労使交渉のルールなどです。労働条件、待遇事項は就業規則に定められていますが、それらの事項の改善や向上を労働組合から使用者へ要求し、合意に達して労働協約が締結された場合は、就業規則を上回る効力を持ちます。労働協約の有効期間は最長3年で、それを超える期間の定めをすることはできません。

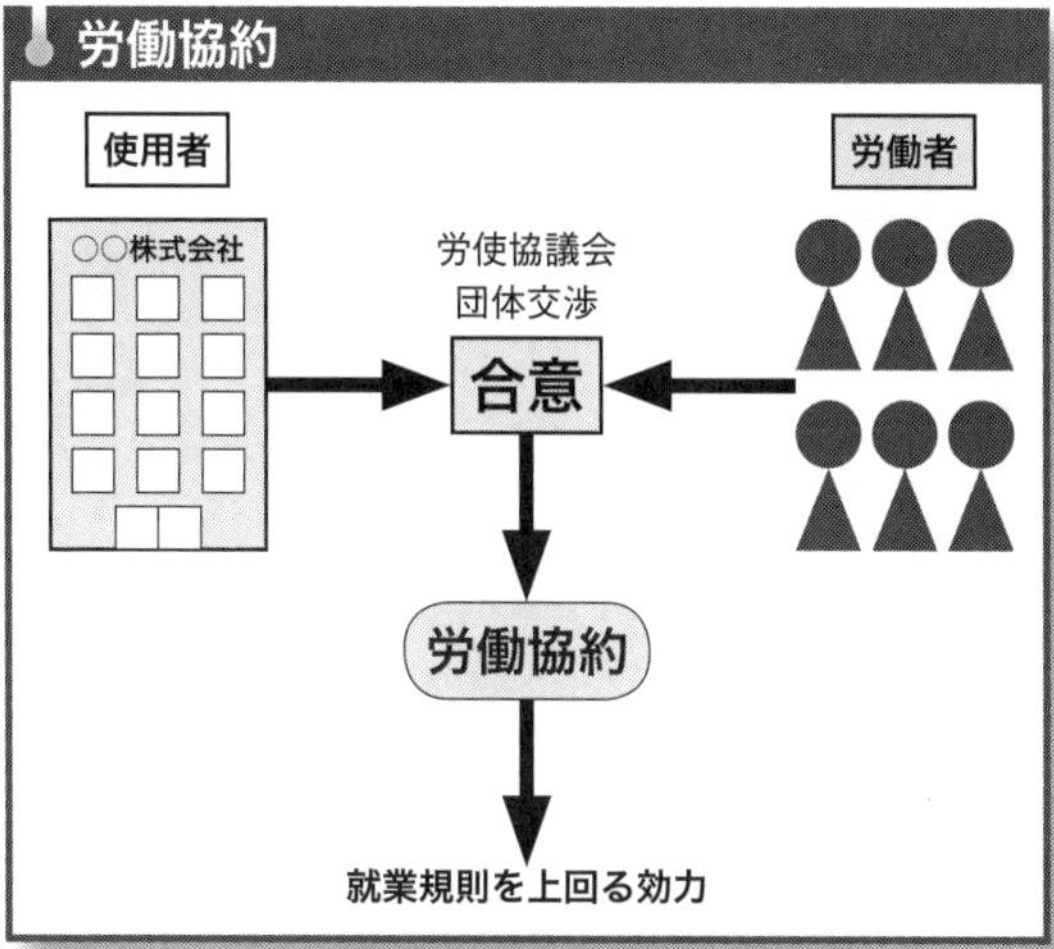

労使協議会や団体交渉で労働組合の要求が実現しない場合、労働組合は最後の手段として争議行為に訴えることができます。争議行為とは、同盟罷業（ストライキ）、怠業（サボタージュ）、作業所閉鎖、その他労働関係の当事者が、その主張を貫徹することを目的として行う行為、およびこれに対抗する行為であって、業務の正常な運営を阻害するものを言います。争議行為は民事・刑事上免責される労働者の権利です。

労働組合が争議行為を行うには、まず組合大会を開催して、組合員の意思を問い、決議をします。争議中の賃金は支払われません。会社が争議中の賃金を支払ったりすると、経費援助として不当労働行為に問われます。

30 パートタイマー

近年労働人口に占める割合が増えているのが、いわゆるパートタイマーです。

パートタイマーとは短時間労働者のことを言います。パートタイム労働法2条では「1週間の所定労働時間が同一の事業所に適用される通常の労働者の1週間の所定労働時間に比べて短い労働者」と定義しており、正社員とパートタイマーの違いは単に労働時間の長さの違いということが言えます。したがって、パートタイマーも労働基準法の対象となり、これまで説明してきた労働条件の明示や賃金や休暇、退職、解雇などに関するさまざまな規定のほとんどが適用するように事業者は扱わなければなりません。

そして、パートタイマーの雇用管理の改善を目的に、1993年にパートタイム労働法とパートタイム労働指針が施行されています。主な内容は以下のとおりです。

①パートタイム労働法

・パートタイマーを雇用する際は、労働基準法により明示が義務づけられている事項に

短時間雇用管理者の業務

①	パートタイム労働指針に定める事項その他の短時間労働者の雇用管理の改善等に関する事項について、事業主の指示に基づき、必要な措置を検討し、それを実施する
②	①について、必要に応じ関係行政機関との連絡を行う
③	パートタイム労働者の労働条件、就業環境などに関し、パートタイム労働者の相談に応じる

加え、労働時間その他の労働条件に関する事項を明らかにした労働条件通知書を交付する

・パートタイマーを10人以上雇用する事業所ごとに短時間雇用管理者を選任する

②パートタイム労働指針

・所定労働時間が正社員とほとんど同じパートタイマーは正社員として処遇する

・パートタイマーにも教育訓練を実施し、福利厚生も正社員と同様に取り扱う

・正社員として雇用されることを希望するパートタイマーには正社員への応募機会を優先的に与えるほか、事業所の実情に即して正社員への転換が可能になる条件を整備する

31 派遣労働者

パートタイマーと並んで近年増加しているのが派遣労働者です。

派遣労働者は派遣元（人材派遣会社）と派遣先（派遣を依頼した会社）との労働者派遣契約に基づいて、派遣元から派遣先へ派遣された労働者です。通常の雇用契約と異なるのは、派遣労働者は派遣元と雇用契約を結んでおり、派遣先とは業務上の指揮命令関係にあるにすぎないという点です。

この三者の労働契約上の関係は整理すると、以下のとおりとなります。

①派遣元と派遣労働者の関係

派遣元は派遣労働者と労働契約を締結し、賃金支払義務を負うのはもちろん、時間外・休日労働協定の締結、年次有給休暇、賃金、割増賃金、産前産後休暇、災害補償、一般的健康管理などの責任を負います。

②派遣先と派遣労働者の関係

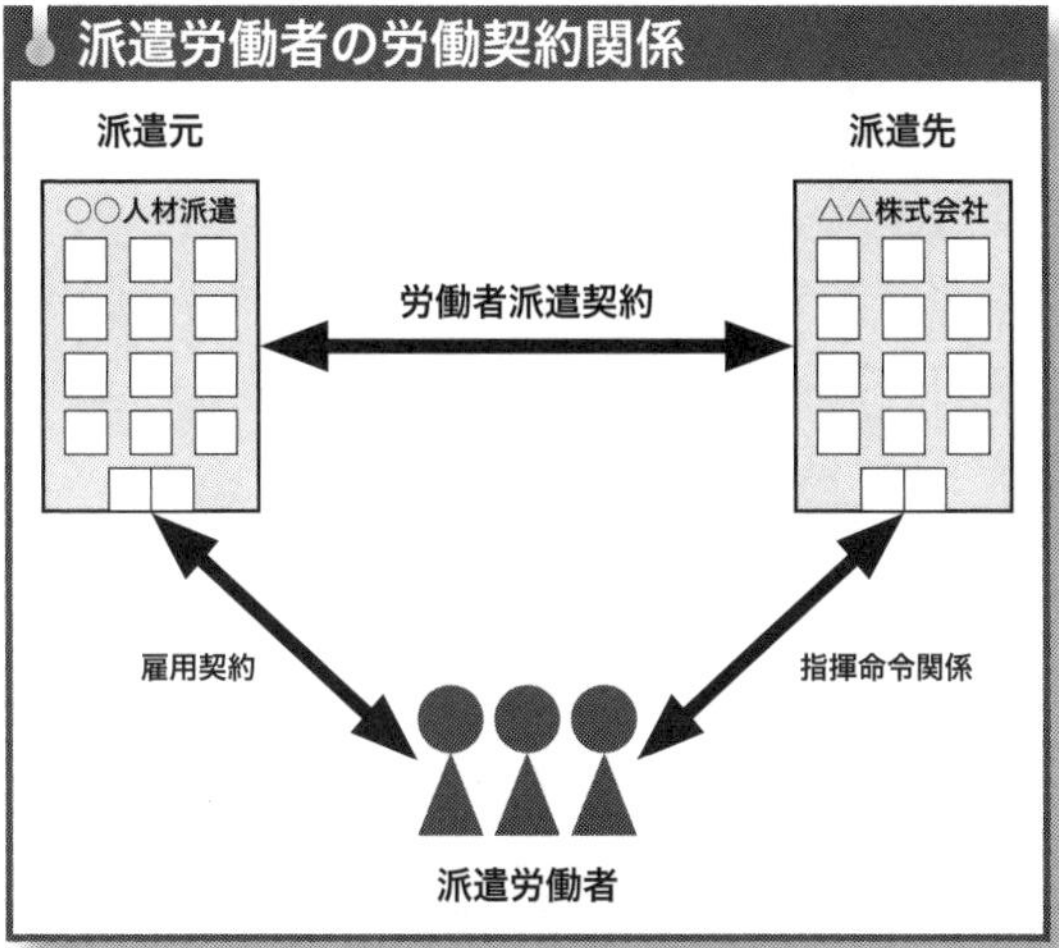

雇用関係ではなく、指揮命令関係があるだけですが、派遣先は実際に派遣労働者を使用する立場にあるので、労働時間、休憩、休日、深夜業、危険有害業務の就業制限、安全衛生管理、育児時間、生理休暇などについて具体的管理の責任を負います。なお、残業をさせたい場合は派遣労働者と派遣元との間に36協定が結ばれている必要があります。

③派遣元と派遣先の関係

労働者派遣契約の内容として、派遣労働者が従事する業務の内容や所在地、勤務時間、指揮命令に関して明確にする必要があります。

なお、労働者派遣事業法では、港湾運送業務、建設業務、警備業務、その他政令で定める業務について、派遣事業を禁止しています。

32 外国人労働者

ビジネスや社会の国際化により、外国人を雇用する企業も珍しくはなくなっています。外国人が日本で就労する場合、たとえ不法就労者であったとしても、日本の労働基準法その他の労働法規の適用を受けることには変わりはありません。逆に言うと、外国人だからという理由で不当に安い賃金や劣悪な労働条件で働かせるのは違法になります。

外国人を雇用する際に最も重要なのが**在留資格**です。これは外国人が日本で活動する目的を入国管理法で27に分類したもので、この中で就労が許されている資格を持っていなければ、日本では就労できません。外国人を雇用するためには、次の2つの方法があります。

①すでに日本で生活している場合

その外国人の在留資格が就労可能なものかどうかを確認します。就労不可能な在留資格である場合は在留資格変更許可を申請します。

②現在外国で生活している場合

在留資格

就労に制限がないもの	永住者、日本人の配偶者等、永住者の配偶者等、定住者
一定範囲で就労が可能なもの	教授、芸術、宗教、報道、投資・経営、法律・会計業務、医療、研究、教育、技術、人文知識・国際業務、企業内転勤、興行、技能、外交、公用、特定活動
就労ができないもの	文化活動、短期滞在、留学、就学、研修、家族滞在

本人の代わりに、雇用企業あるいは委任を受けた行政書士が勤務予定地を管轄する地方入国管理局で在留資格認定証明書の交付申請を行います。認定されれば、在留資格認定証明書が交付されます。それを雇用予定の外国人に送り、受け取った外国人はその他必要な書類を添えて、現地の日本大使館あるいは総領事館に持参して、査証（ビザ）の申請を行います。ビザの発給後、来日します。

なお、不法入国あるいは在留期間を超えて滞在するなど正規の在留資格を持たなかったり、在留資格で認められた活動の範囲を超えて就労している、いわゆる不法就労外国人を雇用している場合、本人だけでなく、雇用主にも罰則が適用されることがあります。

33 男女雇用機会均等法

女性の社会進出が進む中で、女性が待遇や昇進などの面で不当に差別されたり、妊娠や出産などを理由に不利に扱われるなどの問題が起きました。これらを是正し、事業者に対し、男性と女性双方に平等な雇用の機会や待遇の確保のための必要な措置を講じるように求め、性別による差別を禁じたのが、男女雇用機会均等法で、主な内容は次のとおりです。

①性別を理由とした差別的取り扱いの禁止

以下の事項について、労働者の性別を理由に差別的な取り扱いをしてはなりません。

・労働者の募集・採用、配置や昇進、降格および教育訓練
・住宅資金の貸付など一定の福利厚生
・労働者の職種および雇用形態の変更
・退職の勧奨、定年および解雇、労働契約の更新

②性別以外の事由を要件とする間接差別禁止

男女雇用機会均等法の内容

男女雇用機会均等法	①	性別を中心とした差別的取り扱いの禁止
	②	性別以外の事由を要件とする間接差別の禁止
	③	婚姻、妊娠、出産等を理由とする女性の不利益な取り扱いの禁止

以下の事項について、合理的な理由がなければ、間接差別として禁止されます。

・労働者の募集・採用にあたり、身長や体重、体力を要件とすること

・総合職の募集・採用にあたり、転居を伴う転勤に応じることを要件とすること

・労働者の昇進にあたり、転勤の経験があることを要件とすること

③婚姻、妊娠、出産等を理由とする女性の不利益な取り扱いの禁止

事業者は女性労働者の婚姻、妊娠、出産を退職理由として予定する定めをしてはならず、婚姻したことを理由に解雇してはなりません。また、妊娠中および出産後1年を経過しない女性労働者に対する解雇は無効とされます。

34 セクシュアル・ハラスメント

近年深刻な問題となっているのが、職場でのセクシュアル・ハラスメント（性的嫌がらせ）、いわゆるセクハラ問題です。

セクハラとは相手を不快にさせる性的な言動や体に触ったり、性的関係を強要したり、性的経験や異性関係の噂を流すなどの行為も含まれます。

職場におけるセクハラは、次の2つのパターンに分類されます。

①対価型セクシュアル・ハラスメント

労働者の意に反する性的言動や行為への反応の結果、当該労働者が解雇や降格、減給などの不利益を受けることです。（例　性的関係を拒否した相手を職場の上下関係を利用して解雇したり、性的言動を咎められた相手を降格処分にしたりすること）

②環境型セクシュアル・ハラスメント

職場で労働者の意に反する性的言動や行為があった結果、職場環境が不快なものとなり、

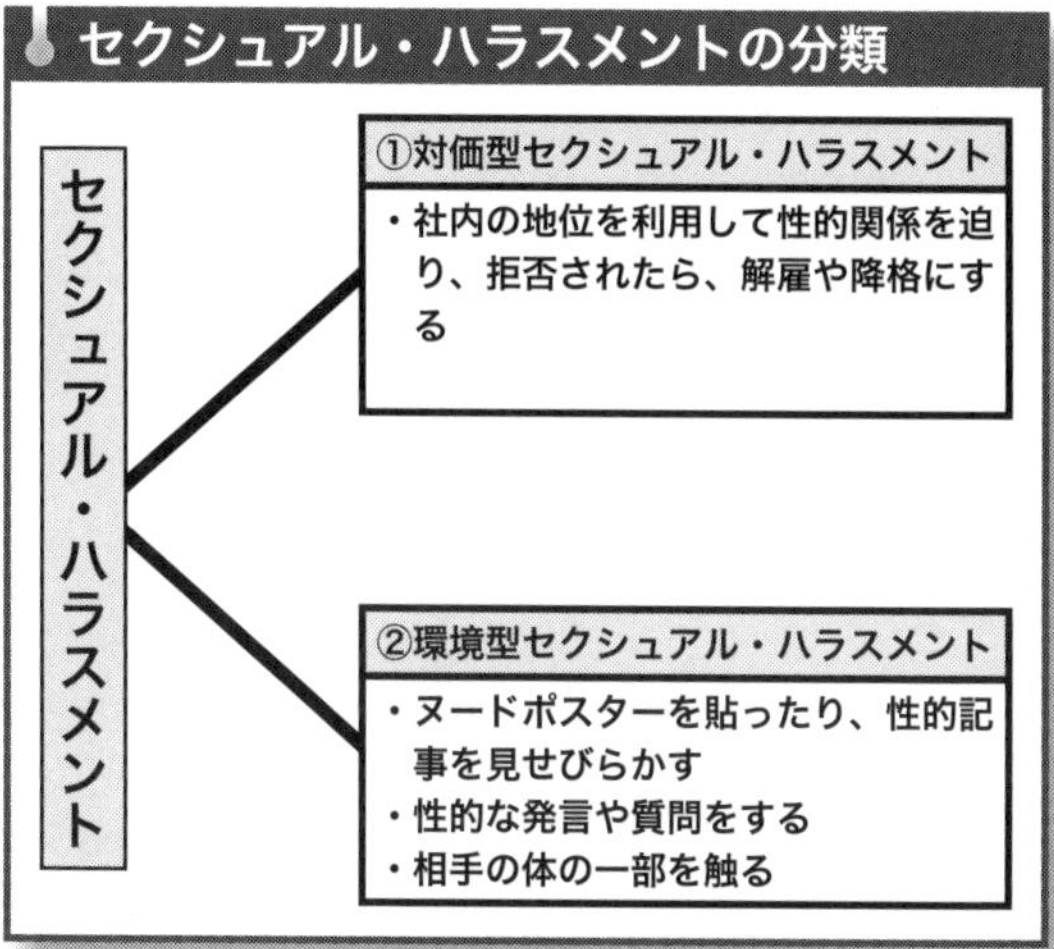
セクシュアル・ハラスメントの分類
セクシュアル・ハラスメント
①対価型セクシュアル・ハラスメント
・社内の地位を利用して性的関係を迫り、拒否されたら、解雇や降格にする
②環境型セクシュアル・ハラスメント
・ヌードポスターを貼ったり、性的記事を見せびらかす
・性的な発言や質問をする
・相手の体の一部を触る

当該労働者の能力発揮に重大な影響が生じることです。（例　職場にヌードポスターを貼ったり、卑猥な言葉を使ったり、性や恋愛について事実無根の噂を流したりすること）

セクハラを行った加害者は民法の不法行為や刑法の強制わいせつ罪、暴行罪、強要罪などに基づく責任を負うほか、加害者が従業員であった場合はその企業の使用者責任が問われるほか、セクハラを放置した場合は債務不履行責任を問われる可能性もあります。

また、従来は男性から女性に対するセクハラについて事業主に雇用管理上の配慮を求めていましたが、平成18年の改正男女雇用機会均等法では、男女双方のセクハラについて、必要な防止措置をとる義務が生まれました。

第3章

債権の管理と回収

1 債権の管理と回収の重要性

企業は商品やサービスを販売し、その売上によって会社を維持し、従業員に給与を支払い、さらに納税することで社会を支えていきます。そして、残りの売上を新しい商品やサービスの開発に振り向けて、さらなる発展をめざします。

このように、ビジネスにおける利益とは、企業が社会に貢献しつづけていくための力の原資だと言えるでしょう。

では、逆に、企業が販売先の不払いなどで売上を回収できなかったとしたらどうなるでしょうか。新しい商品・サービスを生み出すことができないどころか、税金を納めたり、従業員に給与を支払うこともできず、企業を維持することすら困難になります。

したがって、企業にとって、売上（債権）をきちんと管理して、回収することは、自らの存続のために不可欠なことであり、企業活動の根幹であるとも言えます。言い換えれば、ビジネスは債権回収まで終わって初めて完了なのだということを理解しておきましょう。

債権回収の意味

① 回収して初めてビジネスが完了する

② 会社の存立を支える

③ 従業員の生活を守る

④ 利益によって社会を支える

もちろん、だからと言って、暴力などを使った実力行使による債権回収が許されるものではありません。法治国家である日本では、債権回収にもさまざまなルールがあり、債務者の状況も考慮に入れながら、適切な手法で確実な回収を進めていくことが求められます。

このような債権回収の知識は、営業部員や経理部員、法務部員などの一部の社員だけが知っていればいいというものではなく、全てのビジネスマンが一通りの知識を身につけておくことが望ましいのは言うまでもありません。とりわけ、企業の各部門のリーダーである管理職には、数ある債権回収の方法の中から最も効率的なものを選んで、スムーズに回収する手腕が求められているのです。

2 債権回収のフローチャート

ひと口に「債権回収」と言っても、その方法は幾通りもあり、どのような方法をどのような順番で用いるのかはケースバイケースです。

ここでは、債権回収の最も基本的な流れについて説明します。

債権回収の第一歩は相手の不払い（債務不履行）に対して督促を行うこと（請求）です。相手が簡単に支払いに応じてくれれば即解決ですが、そうでない場合は交渉に入ります。このとき、相手の状況を見て、即時回収をめざすか、あるいは支払を猶予したり、分割に応じるなどの時間をかけた回収のどちらかを選択します。後者であれば、担保をとったり、手形にしてもらったり、強制執行力のある公正証書を発行するなどの方法をとって、確実な回収をめざします。

交渉が不調に終わるか、交渉内容が履行されない場合は、裁判所の力を借りた強制執行の準備を進めることになりますが、担保がない場合は、相手が勝手に資産を処分したり、あるいは第三者が先に回収することを防ぐために、仮差押えなどの保全処分を行います。

債権回収の流れ

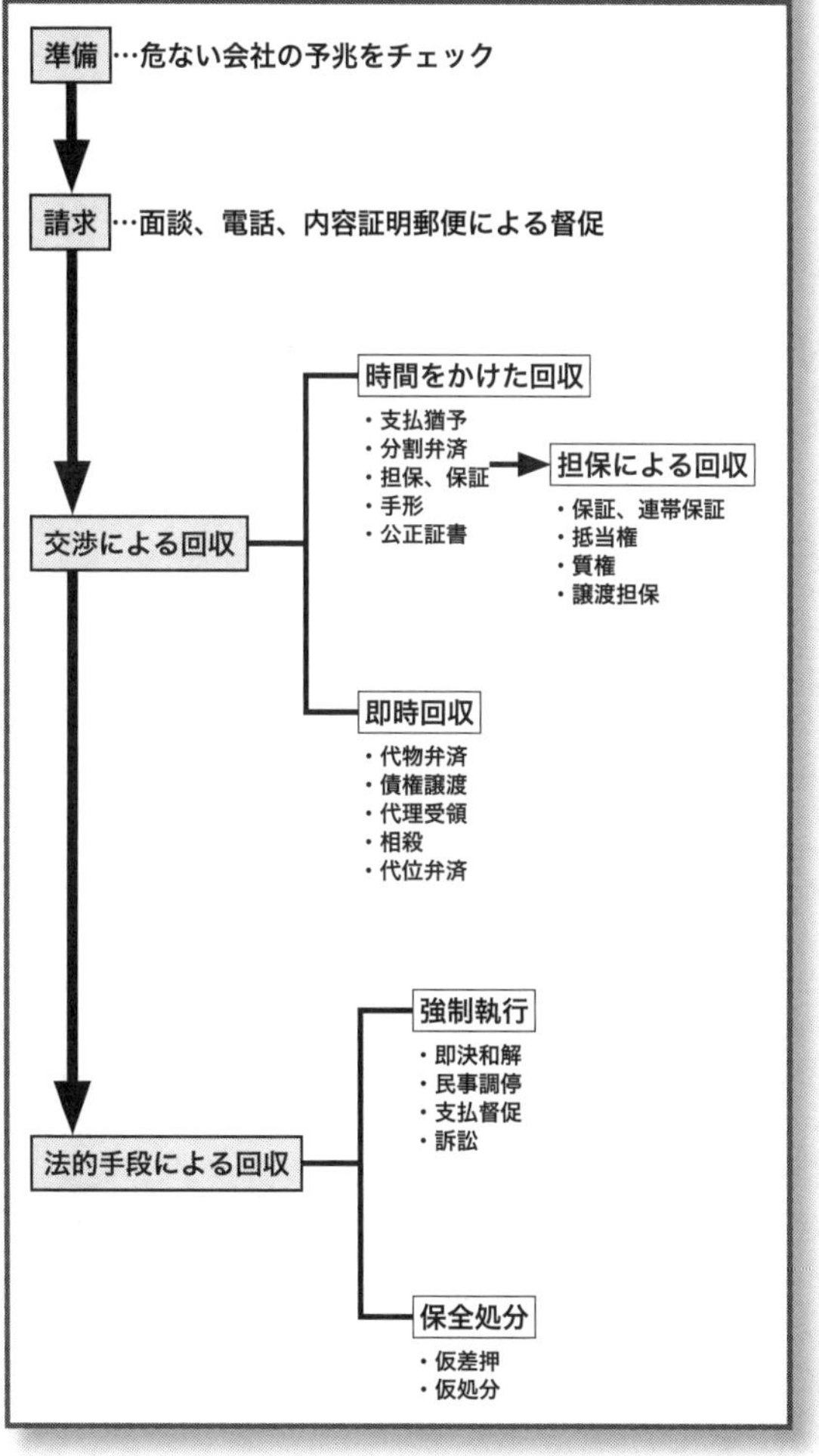
準備…危ない会社の予兆をチェック
請求…面談、電話、内容証明郵便による督促
交渉による回収
時間をかけた回収
・支払猶予
・分割弁済
・担保、保証
・手形
・公正証書
担保による回収
・保証、連帯保証
・抵当権
・質権
・譲渡担保
即時回収
・代物弁済
・債権譲渡
・代理受領
・相殺
・代位弁済
法的手段による回収
強制執行
・即決和解
・民事調停
・支払督促
・訴訟
保全処分
・仮差押
・仮処分

3 債権回収の基礎知識①　自力救済の禁止と債権者平等の原則

債権回収には、次の2つの基本的原則があります。

①自力救済の禁止

債権とは、相手に対し一定の行為をすることを請求する権利です。具体的には相手に代金の支払を求めたり、貸したお金の返済を求めることを言います。

しかし、納品済みの商品の代金を支払ってくれないからと言って、債権者が債務者のところに押しかけて、勝手に納品した商品を引き上げたり、金庫の中のお金を持ち帰ることを民法は禁じており、これを「自力救済の禁止」と言います。なぜこのような規定があるかといえば、法治国家では、債権者の権利の行使に対して債務者が応じない場合の解決策として、裁判所という公的機関を通じた「強制執行」という形しか認めていないからです。

②債権者平等の原則

たとえば、Aさんに対して、Bさんが10万円、Cさんが20万円、Dさんが30万円を貸し

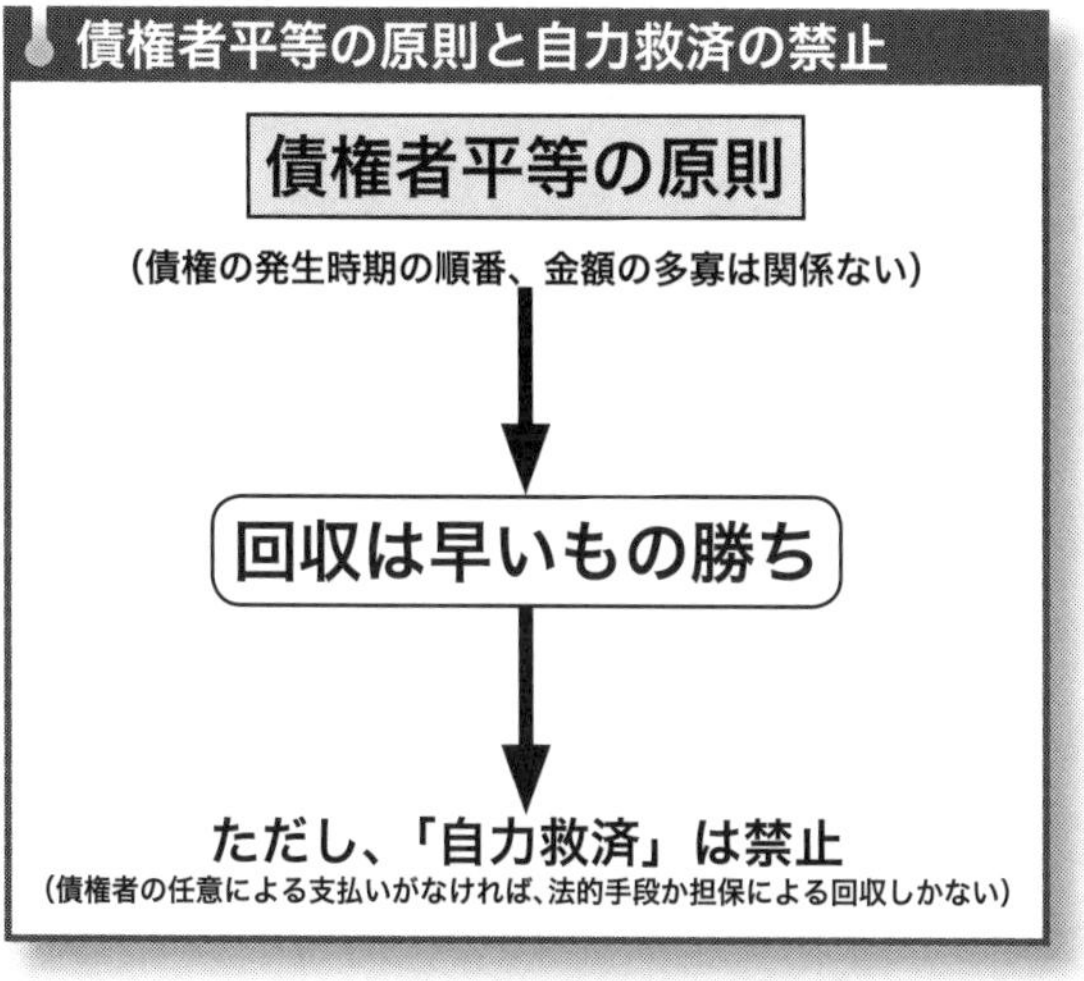
債権者平等の原則と自力救済の禁止
債権者平等の原則
（債権の発生時期の順番、金額の多寡は関係ない）
回収は早いもの勝ち
ただし、「自力救済」は禁止
（債権者の任意による支払いがなければ、法的手段か担保による回収しかない）

ており、Aさんが30万円の財産しかもっていないとします。

この場合、BさんとCさんとDさんはその貸付の順番や金額に関係なく、それぞれの持つ債権を按分して、Aさん5万円、Bさん10万円、Cさん15万円しか回収できないことを債権者平等の原則と言います。つまり、債権者はすべて平等であり、債務者が誰に対して優先的に履行しなければならない決まりはないということです。

この「債権者平等の原則」への対抗策としては、債務者に対して熱心に働きかけて、自分に一番早く弁済させるように交渉したり、抵当権や保証などの担保をとって優先的に弁済を受けるようにするなどの方法があります。

4 債権回収の基礎知識② 期限の利益

「○月○日までに支払う」と約束することは、裏を返せばその前日までは支払わなくてもいいことを意味します。このように、期限が定まっている場合、その期限の到来までは支払を拒むことができることを「期限の利益」と言い、債務者を保護するためにあるとされています（民法136条）。

しかし、債務者が破綻に追い込まれたり、担保を傷つけたり壊したりした場合には、債務者はこの期限の利益を失い、期限の到来を待たずに直ちに支払わなくてはなりません。また、前述の民法の規定以外にも、契約で支払期日を定める際に、予め、相手方にある一定の事情（例　他者から差押えを受けるなど）が生じた際は期限の利益を失う旨を特約で定めておけば、同様の効果を持つことができます。

どのような場合に期限の利益を喪失させるかは、原則として契約の当事者で自由に決めることができますが、相手方の利益を不当に侵害したり、「一方が相手の資力が悪化した

期限の利益の喪失事由

①	契約上の義務を怠り、相当の期間を定めて催告してもなお履行しないとき
②	破産、特別清算、会社更生、民事再生等の法的整理手続開始の申立てがあったとき
③	競売、差押え、仮差押え、仮処分の申立てがあったとき
④	手形交換所の取引停止処分があったとき

など

と認めたときは期限の利益を失う」のように期限の利益を失う基準が明確ではない約束は、無効となる恐れがあることに注意しましょう。

一般的には以下のようなケースが期限の利益喪失の事由として定められることが多いようです。

①契約上の義務を怠り、相当の期間を設けて催告しても、履行がされないとき
②破産、特別清算、会社更生、民事再生などの法的整理手続開始の申し立てがあったとき
③競売、差押え、仮差押え、仮処分の申立てがあったとき
④手形交換所の取引停止処分があったとき

5 債権回収の基本知識③　消滅時効

債権を取得しても、債権者がそれを行使しないまま、法律で定める一定期間が過ぎてしまうと、時効により債権は消滅します。

債権の消滅時効期間は原則として、商行為によって生じたものが5年、商行為によらないものが10年となっており、それより短いものもあります（図参照）。

ただし、消滅時効が成立しても、債務者が「消滅時効が満了したので支払はしない」という意思表示（時効の援用）をして初めて支払わなくてもいいことになります。

消滅時効は権利を行使できる時点から進行していきますが、時効期間が満了する前に、債権者が権利を行使したり、債権の存在を認めたときは、それまで進んでいた時効期間はストップし、改めて時効期間がスタートします。これを「時効の中断」と言います。

民法は中断の事由として、次の3つを挙げています。

①請求

消滅時効の例

債権名	具体例	年数
一般民事債権	個人間の貸金債権	10年
商事債権	商行為全般	5年
不法行為債権	事故の損害賠償請求権	3年
ＰＬ法の製造物責任	欠陥製品による損害賠償請求権	3年
「技師、棟梁、請負人」の債権	土木工事請負代金債権	3年
商品売却（卸売・小売）代金	売掛債権	2年
給料債権	給料、賞与の債権	2年
「労働者・芸人」の債権	大工、俳優、歌手の報酬	1年
「旅店、料理店、貸席、娯楽場」の債権	宿泊費・飲食代金など	1年
手形債権	約束手形の振出人に対する請求権	3年
小切手債権	小切手の振出人に対する請求権	6カ月

債権者が自己の権利を主張することです。ただし、前項で説明した催告は催告から6カ月以内に裁判上の請求や執行手続をとらないと時効中断の効力が生じません。

②差押え・仮差押え・仮処分

差押えは確定判決などに基づいて行われる強制執行行為で、最も強力な権利の実現行為です。仮差押え・仮処分は強制執行が著しく困難となる恐れのある場合に、執行機関によって行われる強制執行の保全手段です。

③承認

債務者が債権者に対して債務の存在を認めることです。認めた日の翌日から再び消滅時効期間が始まりますので、必ず日付や相手の署名の入った文書を作成してもらいましょう。

6 債権回収の準備

債権回収は一般に債務者の債務不履行に対して、債権者が督促（催告）を行うことからスタートします。しかし、債務不履行が起こるのには何らかの原因があるはずで、それを事前に察知していれば、いざ債務不履行が起こった際でも後手に回らない迅速な行動がとれるはずです。

債務不履行が起こる原因として最も恐れなくてはならないのは債務者の経済的危機ですが、相手の何気ない様子からでもその徴候をつかむことができます。

①経営者の様子

顔色が悪かったり、いつも不機嫌だった場合は、会社の業績が思わしくない可能性があります。また、社内にいないことが多かったり、出退社の時間が一定していない場合は、金策に駆けずり回っている可能性があります。

②社員の様子

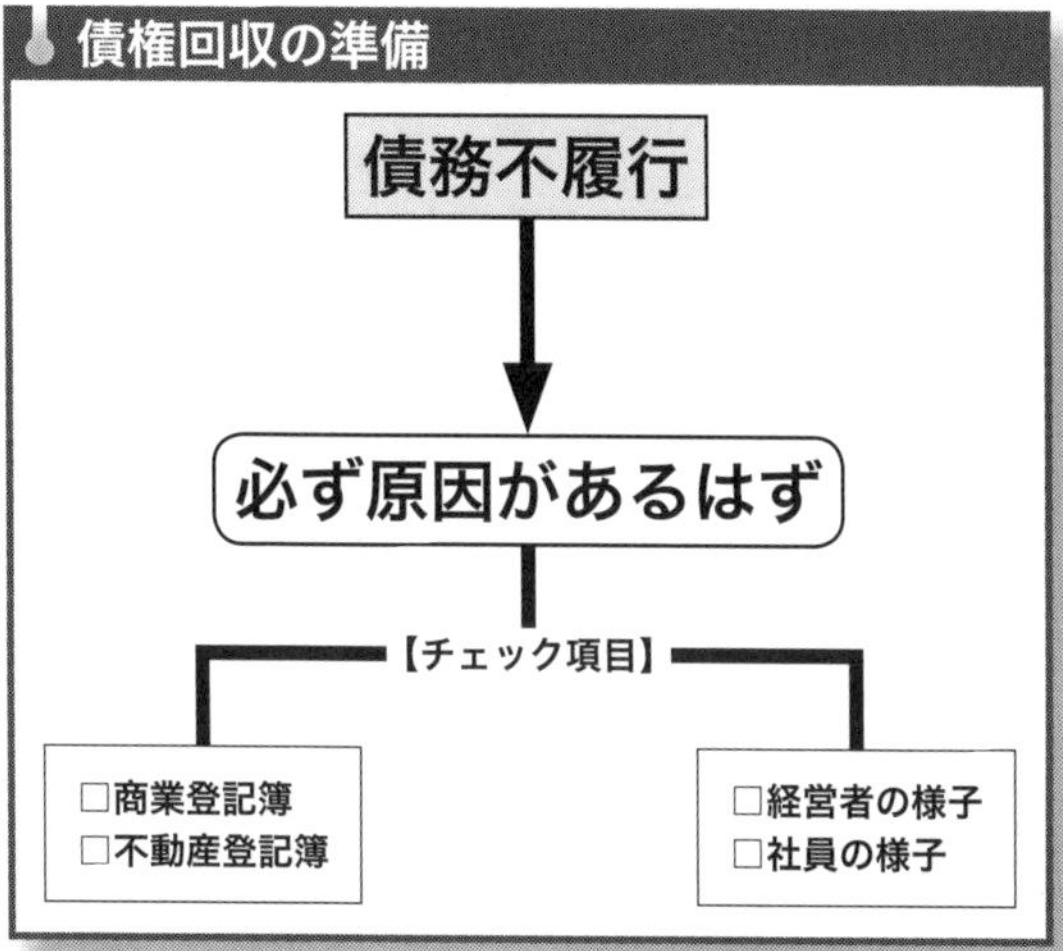

全体的に活気がなくなって、士気が落ちている場合は、業績不振による沈滞ムードが蔓延している可能性があります。

以上の例は感覚的なものですが、このほか、債務者の商業登記簿や不動産登記簿を法務局でチェックすることで、債務者の社内に異変が起こった事実を知ることができます。

たとえば、商業登記簿で複数の取締役が一時に退任していたり、解任された取締役がいる場合は、社内で内紛が勃発しているか、経営状態がよくないことを示唆している可能性があります。また、不動産登記簿は、差押えや仮差押えの有無、抵当権の設定状況を調べて、債務者の資産や負債の状況を調べることができる非常に有益な情報源です。

7 債権回収のスタート　催促（請求）

債権回収の実質的スタートとなるのが催告（請求）です。債務者による債務不履行に対して、債権者が履行を促す行為です。

催告は口頭による方法と文書による方法の2つがあります。

①口頭による催告

面談や電話で催告を行う場合、何についての債務を、いつ、どのような方法で支払うかをはっきりさせます。できれば、メモなどにした上で、その場で相手の署名をもらうか、後日覚書の形で差し入れるのがいいでしょう。

②文書による催告

請求書を再発行したり、催告書を送付するのも催告の手法の一つですが、最も効果が高いのがこれらを配達証明付きの内容証明郵便の形で相手に送ることです。

内容証明郵便は、どのような内容の文書を、いつ誰から誰へ発送し、いつ相手方に配達

催告書の文例

催告書

前略　当社は貴社に対し、平成○年○月○日当社商品×××を販売し、同日納品しました。

しかし、支払い期日の平成○年○月○日に売買代金の支払いがなく、その後も、当社の請求にも関わらずお支払い頂いていません。よって本書面をもって改めて金○○円の支払いを請求します。なお、本書面到達後１週間以内にお支払い頂けないときは何らかの法的措置をとらざるを得ないことを念のため申し添えておきます。

平成○年○月○日

されたかを郵便局が証明してくれるものです。内容証明郵便が届いたからといって、相手方に回答や履行の義務が発生するわけではありませんが、相手方に強い姿勢を示し、心理的にプレッシャーをかける効果があります（逆に言うと、今後も友好的な関係を維持していきたい相手に対して使うのは慎重に考えるべきです）。

内容証明郵便を送る場合、以下の点に注意します。

①金額と内訳を明確にする
②支払期限を具体的に区切る
③支払場所や支払方法をはっきりさせる
④支払がされない場合は、法的手続をとる旨の表示をする

8 交渉による回収① 代物弁済

代物弁済は、債権の本来の給付に代えて、他の給付をすることによって、債権を消滅させる債権者と弁済する者の契約です（民法482条）。

たとえば、商品の仕入代金がどうしても払えないときに、お金ではなく、他のもの（家財道具、商品在庫、自動車などの動産、土地などの不動産）を引き渡して弁済するようなことを言います。

代物弁済で注意すべき点がいくつかあります。

まず、代物弁済は当事者双方の合意の下に行われなければなりません。つまり、債権者が債務者のところにやってきて、勝手に商品や金目のものを持ち帰るのは、「自力救済の禁止」から、代物弁済にならないどころか、窃盗罪に問われる可能性があります。したがって、必ず契約書を交わすようにしましょう。

また、代物弁済において、代わりに受領する物の価格は関係ありません。たとえば、1

代物弁済の要件

①	債権が存在すること
②	本来の給付と異なる給付がなされること
③	それが「本来の弁済に代えて」なされたこと
④	債権者の承諾（結果的に当事者の合意となる）

00万円の債権に対して、100万円相当の価値があると思った品物を代物弁済として受け取ってしまった後、実は80万円程度の価値しかないことがわかっても、代物弁済はすでに有効に行われているので100万円の債権は消滅してしまいます。差額を請求することはできません。したがって、代物弁済には物に対する値ぶみが実務的には大事です。

この代物弁済をあらかじめ予約しておくことで、その物を担保に入れたのと同じ状態に置くという方法が代物弁済予約で、これに対しては仮登記担保法が適用されます。

9 交渉による回収② 債権譲渡

債権譲渡とは、債務者が他に有する金銭債権を譲り受けることです（民法466条）。たとえば、A社から100万円を借りているB社が期日までに返済できず、C社に対して持っている債権100万円をA社に譲渡することで、A社に対する債務を消滅させるようなケースを指します。

債権譲渡は譲渡人（B社）と譲受人（A社）との合意によって成立します。

前記のケースの場合、以後はA社は第三債務者（C社）に対して債務の履行を請求することになります。

しかし、それにはB社の債権がA社に譲渡されたことをC社が知る必要があります。そこで、A社がC社に対して債権を請求するには、B社がC社に対して債権をA社に譲渡したことを①通知するか、債権譲渡についてC社の②承諾を得ることが必要となります。

①通知……内容証明郵便で譲渡人から第三債務者へ行わなければなりません。

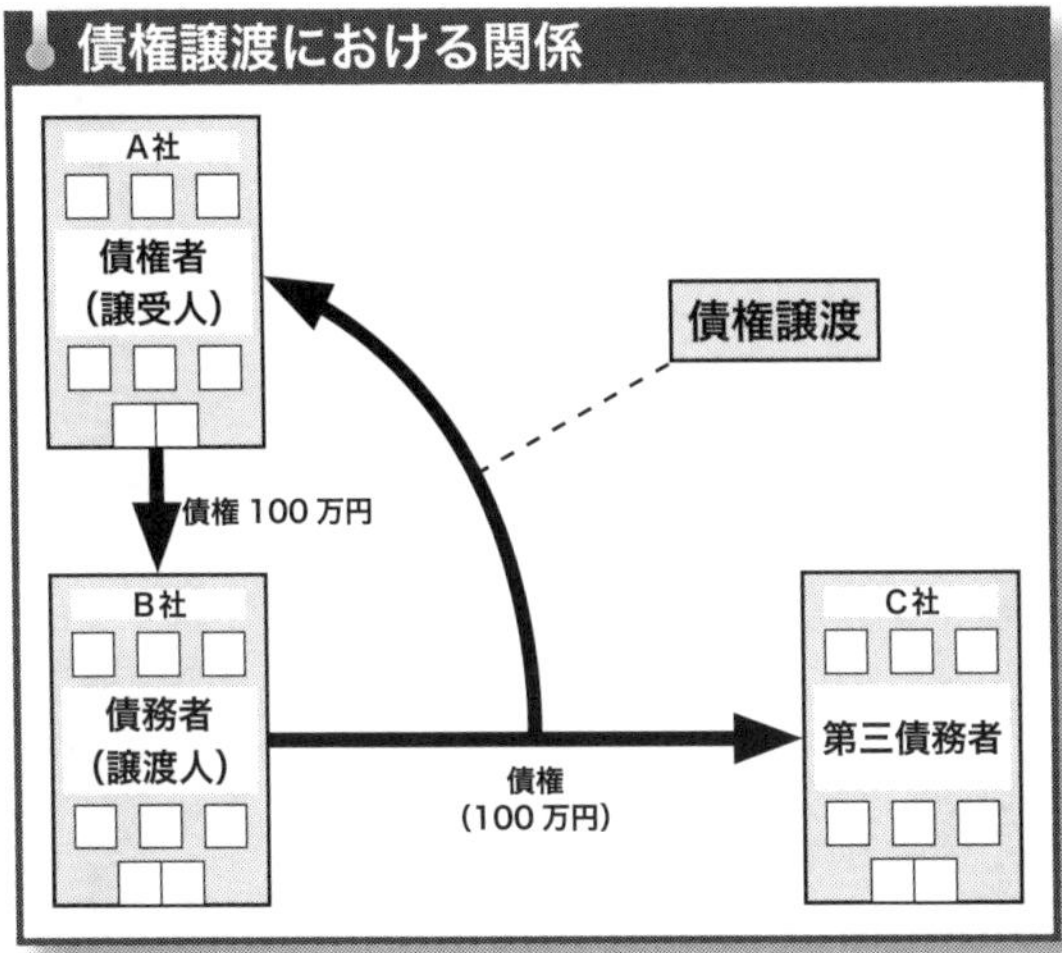

②承諾……第三債務者から公正証書の形でもらいます。

実際には①通知の方法を使うことが一般的です。第三債務者の承諾は非常に親しい関係でないかぎり時間がかかるものであり、また同じように債権譲渡を受けた他の債権者が譲渡人に通知をさせてしまえばそちらが優先されてしまいますので、債権を譲渡されたらただちに譲渡人に告知をさせる必要があります。これも内容証明の通知書を自分で作成して、それに譲渡人に署名捺印させ、第三債務者への通知の発送も自分でやるというくらいのスピーディーな対応が求められるケースもあります。

10 交渉による回収③　債権譲渡の対象とならない債権

債権は一般に譲渡可能ですが、債権譲渡で債権の回収を図ろうとする場合、以下のような債権は譲渡できないので注意が必要です。

①債権の有する性質上譲渡が許されないもの

債権者が変わってしまうと債権の内容自体が変わってしまう債権や、内容自体が変わらないまでも特定の債権者に給付がなされるのがその債権の重要な意義であるものです。金銭債権は通常これらには該当しません。たとえば、家庭教師に対する債権などが該当します。明日から別の生徒というわけにはいかないからです。

②法律上譲渡の制限があるもの

恩給の受給権や社会保険において保険給付を受ける権利です。

③当事者が譲渡禁止の意思表示をしたもの

当事者が契約で譲渡禁止の特約を定めたものです。たとえば、銀行の預金通帳に記載さ

債権譲渡できない債権

譲渡できない債権		
	①	債権の性質上、譲渡が許されないもの
	②	法律上、譲渡の制限があるもの
	③	当事者が譲渡禁止の意思表示をしたもの

れている「この預金は当行の承諾なしには譲渡、質入はできません」などという文句も、譲渡禁止特約です。ただし、債権は本来譲渡できるものとされていますので、債権の譲受人が譲渡禁止特約の存在を知らず、しかも知らないことに重過失がなければ、譲渡は有効となります。そのためには、譲渡を受ける際に相手（譲渡人）に譲渡禁止特約の有無について確かめたり、実際の契約書を調べてみたりすることが大切です。

11

交渉による回収④　債権の二重譲渡への対応

相手が倒産したとか、倒産しそうだという噂が広まると、多くの債権者が回収の競争に入ります。担保をとっていれば別ですが、そうでない場合は一刻を争う問題となります。

特に債権譲渡は債権回収の有力な手段として誰もが目をつけるため、二重に譲渡されることが珍しくありません。倒産の危機に瀕した相手がその場を切り抜けるために、二重どころか、三重、四重に債権を譲渡してしまうからです。

このような場合、前述したように、「どちらがより早く譲渡人から第三債務者に通知させたか、あるいは第三債務者から承諾を得たか」がポイントとなります。実際には、第三債務者への通知が現実的です。

したがって、倒産の情報収集が遅かったばかりに回収の当てにしていた債務者所有の債権をタッチの差で他の債権者が譲り受けてしまったとしても、あきらめる必要はありません。他の債権者に先に債権を譲渡されてしまったとしても、知らん振りをして自分も譲り

債権譲渡通知書の例

債権譲渡通知書

前略　当社が貴殿に対して有しております後記の債権につき当社の都合により後記表示の譲受人へ譲渡いたしますので通知いたします。これ以後は譲受人へ直接お支払い下さいますようお願いいたします。

譲渡債権の表示
一、種類　貸金債権（平成○年○月○日付）
二、金額　元金五〇〇万円及び利息金金額

譲受人の表示
東京都港区南青山○丁目○番地○号
青山次郎

平成○年○月○日
東京都港区赤坂○丁目○番地○号
譲渡人　赤坂商事株式会社
代表取締役　赤坂三郎　㊞

東京都練馬区富士見台○丁目○番地○号
富士太郎殿

受け、先に譲り受けた者よりも早く通知を出せばいいのです。

ここで重要なのが通知の日付です。確定日付のある通知が2つ以上あった場合、優先権を持つのは「確定日付の年月日」が早い方ではなく、「確定日付つきの通知の到達」が早い方であることに気をつけましょう。

したがって、確定日付を公証人役場で早く取得しても、その通知が第三債務者に届かなければ優先権はありませんし、内容証明郵便を出しても第三債務者への到着が他より遅ければ優先権はありません。

つまり、取引先が倒産の危機に瀕しているような場合は、配達証明付内容証明郵便を速達で送ることが最も確実な方法です。

12 交渉による回収⑤　代理受領

前項で解説した債権譲渡とよく似た回収方法に代理受領というものがあります。

これは債務者B社が第三債務者C社に対して持っている債権の受領を債権者A社に委任し、A社がその委任契約に基づいてC社から金銭を受領することを言います。

A社が第三債務者であるC社から回収するという意味では債権譲渡と同じですが、三者の法律関係が異なるため、代理受領は債権譲渡と比べ、次のようなメリットがあります。

①債権譲渡では譲渡禁止債権を譲渡することはできないが、代理受領では可能である
②債権譲渡では第三者債務者への通知か承諾が必要だが、代理受領では不要である
③債権譲渡に比べて、債務者の対外的信用が低下しない（心理的抵抗が少ない）

しかし、債権譲渡が第三債務者への通知によって優先権を得ることができるのに対し、代理受領はそのような優先権を得る手段がありません。また、第三債務者との関係においても、債権譲渡の場合、債権者は新たな権利者として行動できるのに対し、代理受領にお

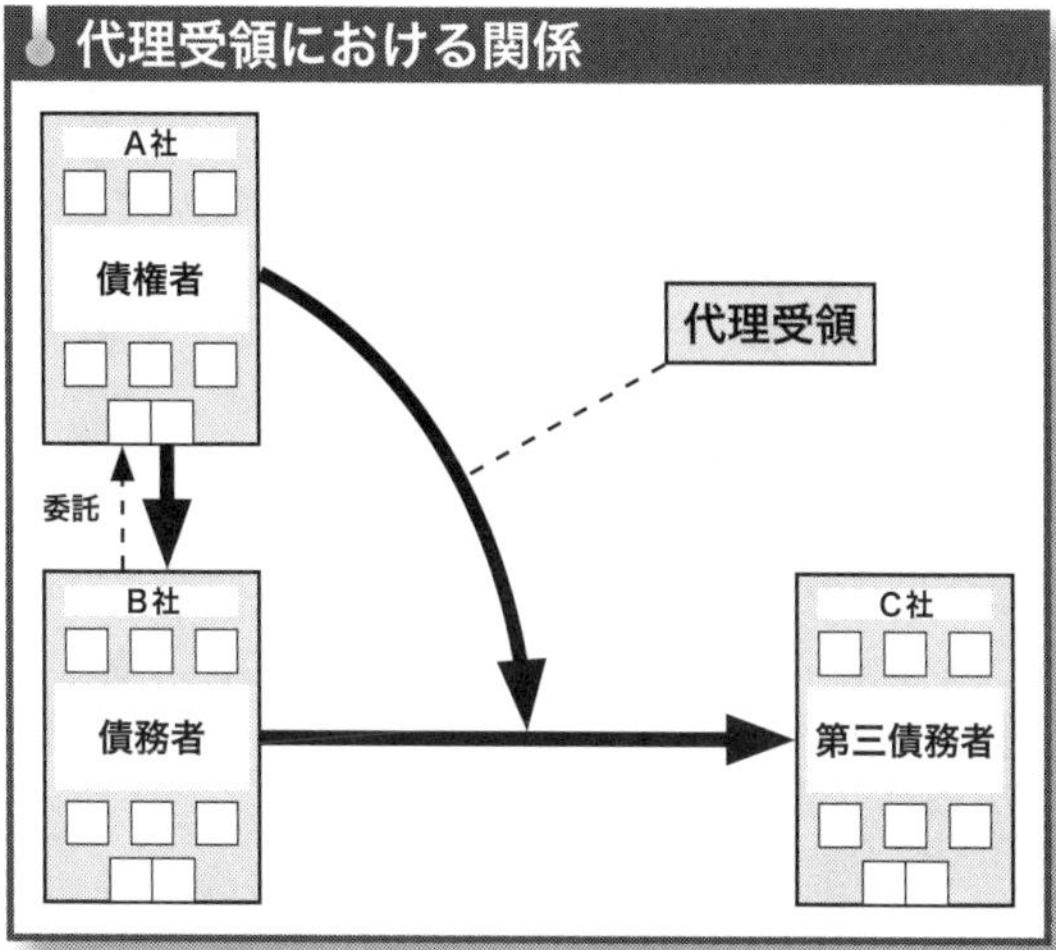

いては、取立ての委任を受けただけであり、法的立場は弱くなります。そして、委任契約を債務者から解除される恐れもあります。

したがって、代理受領で債権回収を行う場合は、債権者の法的立場が債権譲渡と比べて弱い分、債務者および第三債務者に対して良好な関係を築くことが大事だと言えます。

具体的には、債務者を伴って第三債務者のところに直接集金に行き、両者がすべてを合意した形で受領するのがベストです。

なお、債務者から受領の委任を受けた形である以上、債権者のミスで第三債務者への請求が遅れ、万が一消滅時効を成立させてしまった場合、逆に債務者から損害賠償を請求されることがあるので注意しましょう。

13 交渉による回収⑥　相殺

相殺とは、債権者と債務者がお互いに同種の債権債務を持っている場合に、一方の当事者の意思表示により、債権債務を対当額（同額）で消滅させることです（民法505条）。相殺する場合は、相殺したい者が相手に対してその旨を通知するだけでよく、相手方の了承は必要ありません。

相殺が成立するには、原則として次の4つが必要とされ、これらを満たす状態を相殺適状と言います。

①債権債務の対立があること

当事者（債権者と債務者）が相互に相手に対して債権を持っていることです。したがって、原則として第三者の持っている債権を自分の債権として相殺することはできません。

②両債務が同じ目的を持っていること

たとえば、金銭の支払を目的とする債権と商品の引渡しを目的とする債権を相殺するこ

相殺

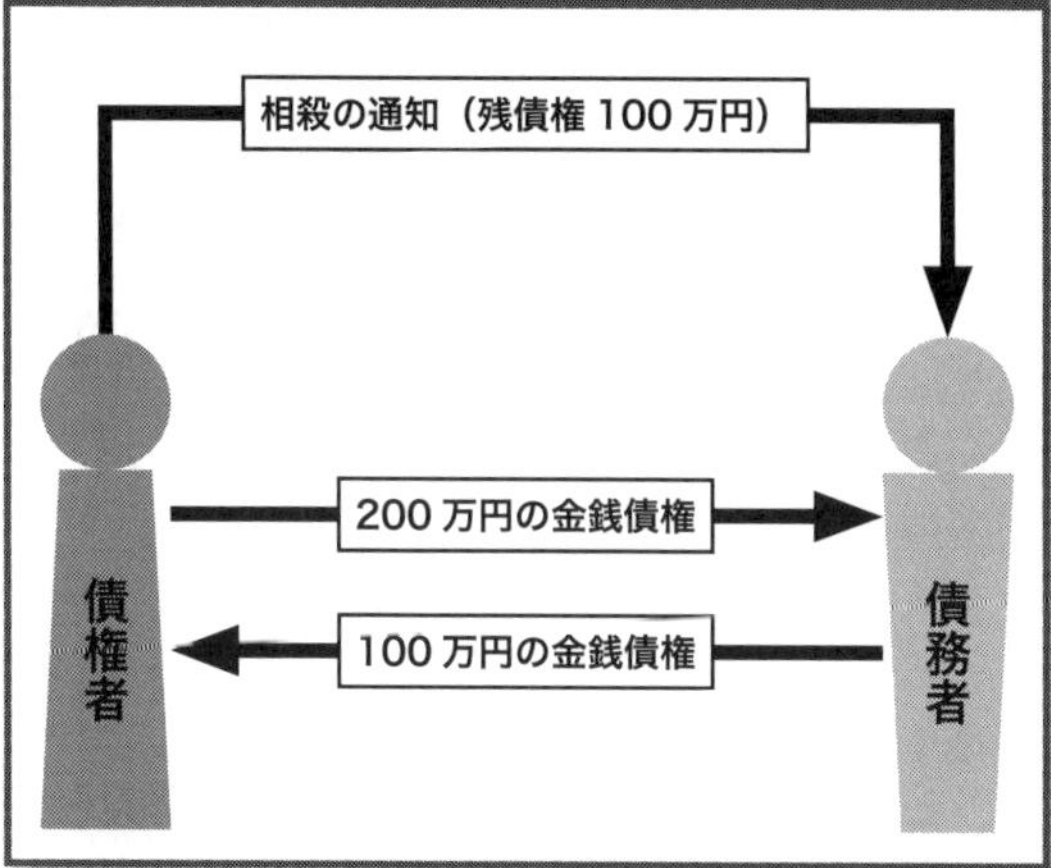

とはできません。実際には両債務とも金銭債権であることが一般的です。

③両債務とも弁済期が来ていること

民法の規定では両債務とも弁済期が到来していなければ相殺できないとされていますが、実際には相手方に対する債権が弁済期となっていればいいとされています。なぜならば、自分の債務については、弁済期が到来していなくても、期限の利益を放棄することによって、期限到来前でも弁済することが可能だからです。

④債権債務の性質が相殺を許さないものではないこと

次項で詳しく説明します。

14 交渉による回収⑦　相殺が認められない場合

相殺が認められないケースは次のとおりです。

①当事者間で相殺の禁止を決めている場合

当事者間の契約に相殺禁止の特約がある場合は相殺はできません。ただし、たとえば債権の譲受人がこれを知らない場合など、善意の第三者には対抗できません。

②不法行為による損害賠償債務

たとえば、交通事故を起こして被害者に100万円の損害賠償を負っている者が同じ被害者に対して100万円の債権を持っていたとしても相殺はできません。

③差押えを禁止されている債権

たとえば、労働者の賃金債権のように現実に支払われるために差押えを禁止されているものは相殺はできません。

④債務が差押えを受けてから債権を取得したとき

相殺が許されない場合

① 当事者間で相殺の禁止を決めている場合

② 不法行為による損害賠償債務

③ 差押えを禁止されている債権

④ 債務が差押えを受けてから債権を取得したとき

⑤ 債権が株式払込請求権である場合

自分の負っている債務について、相手に対する債権者が差押えをした場合、それ以前に自分が相手に対し債権を有しているときには相殺できますが、有していないときはそれ以後に債権を取得しても相殺できません。

⑤債権が株式払込請求権である場合

株主は株式会社における資本充実・維持の原則に従わねばならず、会社に対する債権を有する場合でも、その債権と払込をする債務とを相殺することはできません。したがって、資本金の払込を相殺で行うことはできません。

15 交渉による回収⑧　代位弁済

債務者自身が支払いのできない状況に陥っていたとき、債務者の両親や兄弟、あるいは関連会社などに上手に交渉すれば、世間体や社会的信用、取引上の配慮などから、債務の支払に応じてくれる場合があります。このように債務者以外の第三者が弁済することを代位弁済と言います。

たとえば、住宅ローンの支払で、ローンの支払が滞った際に、ローン利用者の代わりに、信用協会などが残りのローンを払うことも代位弁済の1つです。

ただし、民法474条は、「第三者の弁済」について、次の3つの例外を規定してします。

①債務の性質上、第三者の弁済が許されない場合

たとえば名優の出演債務などがこの例に当てはまります。

②利害関係のない第三者の弁済で債務者の意思に反するもの

たとえ債務者の承諾があっても、債務者の意思に反する弁済は無効となります。この

第三者の弁済が認められない場合

①	債務の性質上、第三者の弁済が許されない場合
②	利害関係のない第三者の弁済で債務者の意思に反するもの
③	当事者が反対の意思を表示したとき

「利害関係」は法律上の利害関係であり、債務者の親族や友人は事実上の利害関係と言われます。そのため、債務者の親族や友人が第三者として債務の弁済を行うには、債務者の同意が必要です。したがって、第三者による弁済を受けることになった債権者は、債務者から同意書を得ることを忘れないようにしなくてはなりません。

③当事者が反対の意思を表示したとき

契約などでそうした内容を合意していたら、それが尊重されます。

なお、この第三者による弁済が有効の場合、債務者の債務は消滅します。そして、その後は、弁済者が債務者に対して求償するという関係が残ることになります。

16 交渉による回収⑨　回収時の注意事項

債権回収に熱心なあまり、無意識のうちに強引な取り立てを行ってしまうことがあります。以下のような行為について気をつけましょう。

①逮捕監禁罪

債務者を呼びつけて、一室で延々何時間も吊るし上げたり、書類にサインするまで部屋から出さないのは、債務者の自由を奪うものとして監禁罪が成立する可能性があります。

②脅迫罪

返済や支払を迫ること自体は違法行為ではありませんが、返済しなければ害を及ぼす旨を告げて相手を畏怖させるような言動をすると脅迫罪が成立します。債務不履行の常習犯者の中にはわざと債権者を激高させるような振る舞いをして脅迫罪が成立するように仕向けるしたたか者もいますので注意しましょう。

③強要罪

債権回収の過程では債務者にサインさせたいさまざまな書類がありますが、相手が同意していないのに無理強いするために暴行や脅迫を行うと、強要罪が成立します。

④住居侵入、不退去罪

債務者が面会を謝絶したり、立入りを禁止しているのを無視して上がり込んだり、なかなか帰ろうとしない場合、相手の誠意の有無やその他の状況にもよりますが、住宅侵入罪や不退去罪が成立する恐れがあります。

⑤業務妨害罪

回収に熱心なあまり、相手に執拗につきまとったり、営業に出かけようとする相手の車のキーを抜いてしまったり、工場の電源を落としたりすると、業務妨害罪が成立します。

17 法的手段による回収① 概要

これまで説明してきた「交渉による回収」とは、債権者の請求に対して債務者が支払に応じるという当事者だけで問題解決を図ることを目的にしたさまざまな手法でした。

しかし、現実には債務者が交渉に非協力的だったり、あるいは支払能力がなかったり、万が一倒産や破産の危機に直面している場合は、当事者の交渉では埒があかず、まごまごしていると、何も回収できないという状況に陥ります。

そこで、そのような場合は、裁判所という国家機関の力を借りた「法的手段による回収」を検討することになります。

法的手段による回収にもいくつかの手法がありますが、主に次の2つに分類できます。

①保全処分

債務者の財産に対して、仮差押や仮処分を裁判所に申請し、勝手に処分したり、他の債権者に弁済させなくすることです。直接的な回収の方法ではありませんが、相手にプレッ

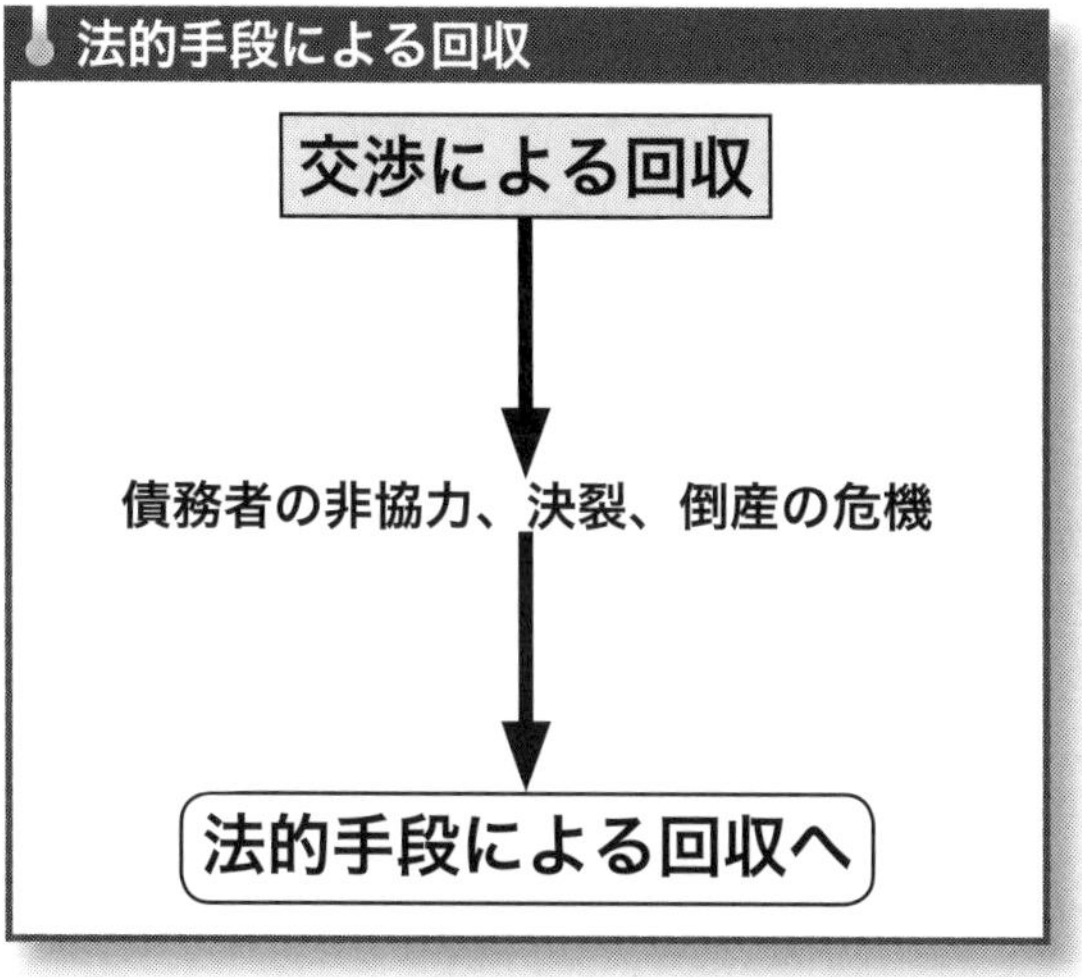

法的手段による回収

シャーをかけて弁済を促す効果があります。

②強制執行

　裁判所から強制執行を正当化する文書、すなわち債務名義を得て、強制的に取り立てることです。訴訟を起こさずに簡易裁判所の簡易手続を利用して債務名義を得る即決和解や支払督促、民事調停といった方法と、本格的に訴訟を起こし、判決によって債務名義を得る方法があります。

　法的手段による回収は、交渉による回収と違って、現実には弁護士の力を借りることになります。訴訟ともなれば、時間も手間もコストもかかりますので、どのような方法をどのように使うかについて、管理者としても基本的な知識をおさえておきましょう。

18 法的手段による回収② 保全処分

債務者が非協力的で、訴訟で決着をつけなくてはならない事態になったとします。しかし、訴訟には長期間かかるため、債権者が勝訴判決を得て強制執行の申し立てをするまで前に、債務者が財産を隠匿したり、消費してしまったり、他人の名義に移してしまう可能性があります。あるいはめぼしい財産を他の債務者に取り立てられてしまって、強制執行しようにもすでに何も残っていない可能性もあります。

このような債務者による財産処分を防止するために、あらかじめ（主に訴訟前に）債務者の財産を凍結（保全）しておくことを、保全処分と言います。保全処分は、手形などの金融債権を保全する仮差押と、それ以外の債権を保全する仮処分の2つがあります。

保全処分は本来は債権保全の応急処置的な方法であり、直接的な債権回収の手段とは言えませんが、債務者が嫌がるようなタイミングと目的物を選ぶことで、不誠実な債務者に大きな心理的（時には物理的な）プレッシャーをかけて、弁済を促す効果があります。

保全処分の種類

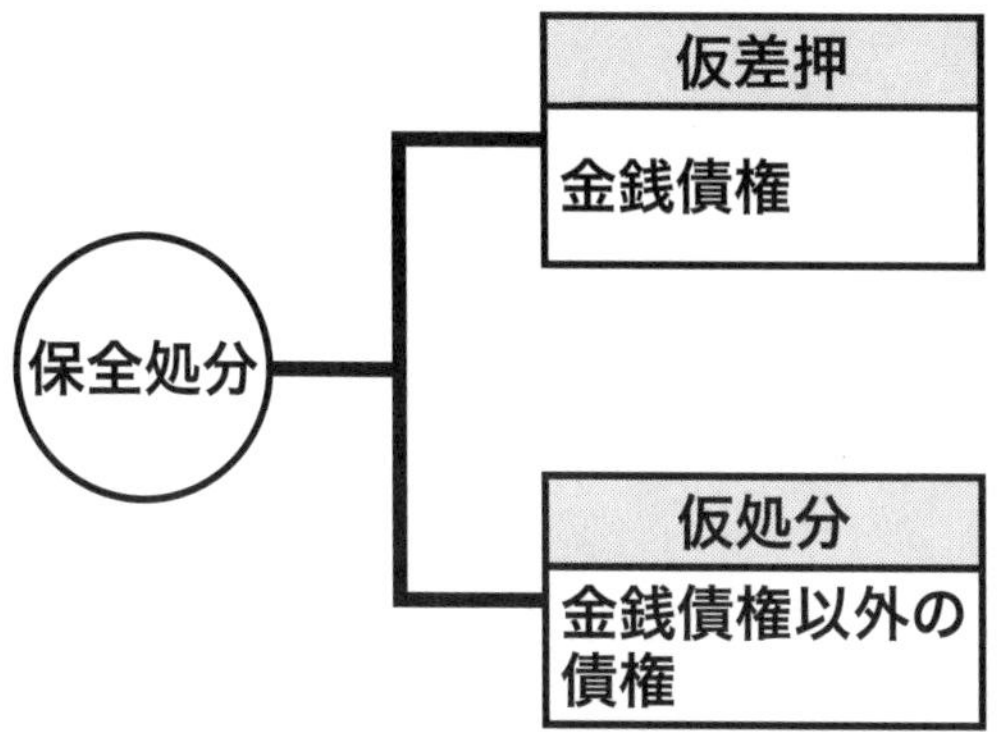

たとえば、債務者の銀行口座を仮差押したとします。この口座が債務者にとって自社の社員の給料を振り込むための口座であった場合、大変な騒ぎになることが予想できます。なぜなら、給料振込の口座を差し押さえられるということは社員に給料を払うことができないことを意味するからです。また、差し押さえられた口座の銀行もその会社に事情説明を求めることでしょう。他の債務者に仮差押の情報が漏れる可能性もあります。

　このように、仮差押や仮処分などの保全処分を有効に使うことや、そのために取引先の銀行口座や資産などの存在を調査できる準備をいつでもできるようにしておくことが大切です。

19 法的手段による回収③ 仮差押

保全処分のうち、仮差押は「売掛債権や手形債権などの金銭債権の執行を保全するために、相手方の財産を仮に差し押えて、それを確保すること」を言います。

したがって、仮差押には次の2つの要件が必要です。

①保全されるべき（回収すべき）金銭債権があること

②保全しなければならない必要性があること

実際の仮差押の手続は、裁判所（簡易裁判所か地方裁判所）に仮差押を申し立てて、次の書類を提出します。

①仮差押命令申請書……被保全権利の存在と保全の必要性に関する事実を記載します

②疎明資料……契約書等の書類と債権者が経過を説明した報告書です。通常の裁判で判決を得るには、事実を証明、つまり裁判官に「事実と間違いない」と確信させなくてはなりませんが、仮差押の場合は疎明、すなわち裁判官に「確からしい」と信じても

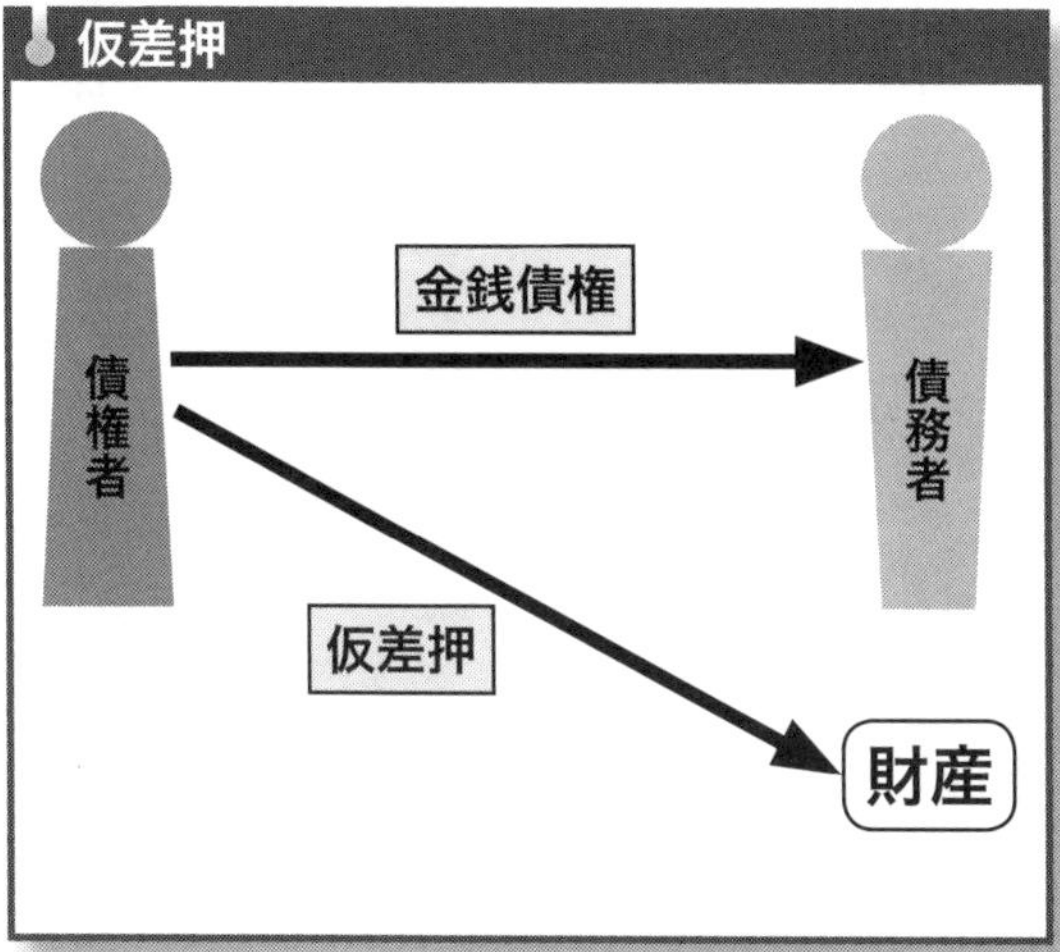

らえる程度で十分とされます。

仮差押は通常の裁判と異なって、相手方に知らせることなく、書面の審理だけ、あるいはそれに申立人の事情聴取だけで命令を出します。これは仮差押が緊急を要する上、相手方に知らせてしまうと保全の目的が達成されないからです。実際、命令は2〜3日で出されることがほとんどです。

このように仮差押は、簡単な書面審理と申立人の事情聴取で行うものなので、正式な裁判で申立人たる債権者が勝つとは限りません。したがって、仮差押命令には、担保として高額（一般に目的物価格の2〜3割）の保証金を供託しなくてはなりません。この保証金の額は裁判所が事件ごとに具体的に決めます。

20 法的手段による回収④　仮差押できないもの

　前述したとおり、仮差押は債務者にかなりの心理的プレッシャーをかけることがあります。銀行預金口座以外にも、銀行に担保として提供している不動産や債務者自身の家財道具への差押えも同様の効果があります。

　しかし、仮差押が無制限に行われると、債務者に大きなダメージを与えて、かえって倒産に追い込んでしまう可能性があります。たとえば、メーカーが所有する製造機械や顧客への売掛金などを仮差押することはその会社の存続をストップすることと同じです。したがって、他に財産があるような場合は、債務者の普段の業務に影響が出ないような財産から先に仮差押するよう、裁判所が要求してくるケースもあります。

　また、債務者の生活を保護、維持するために、次のようなものは法律で仮差押が禁止されています。

①差押禁止債権……給料、賃金、賞与およびこれらに準ずる給与の4分の3に相当する

仮差押できない財産

①	差押禁止債権
②	差押禁止動産

これ以外の財産で譲渡可能なものは全て仮差押可能

部分（ただし、1カ月21万円を超える部分については差し押えられる）。退職金およびこれに準ずる給与の4分の3に相当する部分。年金受給権、恩給権、健康保険給付請求権、失業保険受給権など

②差押禁止動産……衣服、寝具、台所用品、畳、建具などの生活必需品。1カ月分の食糧、燃料。2カ月分の生活費。実印。仏像、位牌。日記、商業帳簿。義手、義足など身体の捕捉に必要なもの。防災、保安のための消防用機器、避難器具など。

以上のような法律で差し押さえを禁止されているもの以外は、譲渡可能な財産権であれば、原則として、すべて仮差押の対象となり得ます。

21 法的手段による回収⑤　仮処分

仮処分とは、保全処分のうち、金銭債権以外の債権の執行を保全するために、裁判所が出す財産保全命令のことです。

仮処分は、①現状凍結型の仮処分と②権利実現型の仮処分の2つがあります。

①現状凍結型の仮処分

たとえば、売買契約を解除しても納品した商品の引き渡しに取引先が応じず裁判になったとします。この場合に、判決を得て強制執行しようとする前に、その商品の占有が他人に移されたり、売却や質入などの処分をなされるのを防ぐために行うのが、この現状凍結型の仮処分です。いわゆる占有移転禁止の仮処分や処分禁止の仮処分が該当します。

②権利実現型の仮処分

前述の例のように、相手方が商品の引き渡しを拒む理由がなく、しかも処分禁止の仮処分をしているとします。それにより商品価値が陳腐化するなどの特別な理由がある場合に

仮処分

①	**現状凍結型の仮処分**
②	**権利実現型の仮処分**

おいて、商品の引き渡しそのものを裁判所に命令してもらうことが、権利実現型の仮処分です。「満足的仮処分」や「断行の仮処分」と言われます。

ところで、仮処分が行われるのには、次の2つの要件があります。

①保全されるべき債権を有していること

②保全しなくてはならない必要性

仮処分の手続は前述の仮差押と同様、仮処分命令申請書と疎明資料の2つを提出します。そして当然ながら供託金が求められます。前述の「断行の仮処分」の場合、万が一、後になってその仮処分が不適切であったとすると、相手方は大きな不利益を被るため、保証金も高くなるようです。

22 法的手段による回収⑥　公正証書

債務者が交渉による任意の支払に応じない場合、裁判所から債務名義を得て強制的に回収をかけることができるのは前述したとおりです。

債務名義には、後述する確定判決や和解調書、調停調書、仮執行宣言付支払督促などがありますが、実は裁判所を経ずに債務名義を得ることができる方法があります。それが、ここで説明する公正証書です。

公正証書は、公証人と呼ばれる公務員が、当事者の意思に基づいて作成した文書です。高い証明力を持つと同時に、「契約不履行の際は強制執行を受けても意義のないことを承諾する」という条項があれば、それがそのまま債務名義となるのです。

公正証書は、当事者双方あるいはその代理人が、契約書などの必要書類と印鑑証明書、および実印を持参して公証人役場に行き、証明してもらいたい内容を公証人に説明して作成してもらいます。他の債務名義を得る方法と比べて、時間や労力をかけずにつくること

公正証書の例

債務承認弁済契約公正証書

本公証人は平成○年○月○日、当事者の嘱託により、標題の契約に関し、以下の陳述の趣旨を録取して、この証書を作成する。

第壱条（債務の承認）債務者株式会社 ××（代表取締役○○、以下乙という）は、債権者株式会社 ×××（代表取締役○○、以下甲という）に対し、平成○年○月○日、金○○円の債務を負担していることを承認し、その弁済を約した。
上記債務は、平成○年○月○日から、平成○年○月○日までの間の商品代買掛金の合計額である。

（省略）

第七条（執行認諾）債務者乙と連帯保証人丙は、本証書記載の金銭債務を履行しないときは、直ちに強制執行に服する旨を陳述した。

ができるので、債務者が公正証書の作成に抵抗しなければ、迷わずに作成しましょう。

ただし、公正証書で行うことのできる強制執行は、金銭の取り立てだけに限られます。たとえば、契約に違反した場合の債務者やそれに関連した保証人などの財産に差押えをかけ、それを競売にかけて債権額相当の満足を得るような場合のみで、一定の物の引渡しをさせることはできません。

また、公正証書で強制執行をできるようにするためには、次の要件が必要です。

①公正証書の中に一定額の支払が明記されていること

②公正証書の中に、前述の強制執行認諾文言が記載されていること

23

法的手段による回収⑦　即決和解

即決和解とは、簡易裁判所に和解の申立てを行い、当事者双方が合意した和解の内容を裁判所が確認して、和解調書を作成することを言います。この和解調書が債務名義になるというわけです。

即決和解は当事者間で大筋の合意ができているときにメリットがある方法です。相手方と争っている関係ではなく、積極的な協力が期待できる場合に適しています。

また、即決和解は公正証書とは異なり、金銭債権に限定されないことが特徴です。たとえば、金銭債権以外の契約解除に基づく商品の取り戻しや、代物弁済による商品の引き渡しなどは、公正証書では債務名義としての効力を得ることができません。さらに、金銭債権においても、契約書に譲渡担保の規定を盛り込んで支払を確実にしたいという場合にも、即決和解は力を発揮します。

また、即決和解の申立てには時効の中断の効力があります。ただし、和解が不成立の場

和解の種類

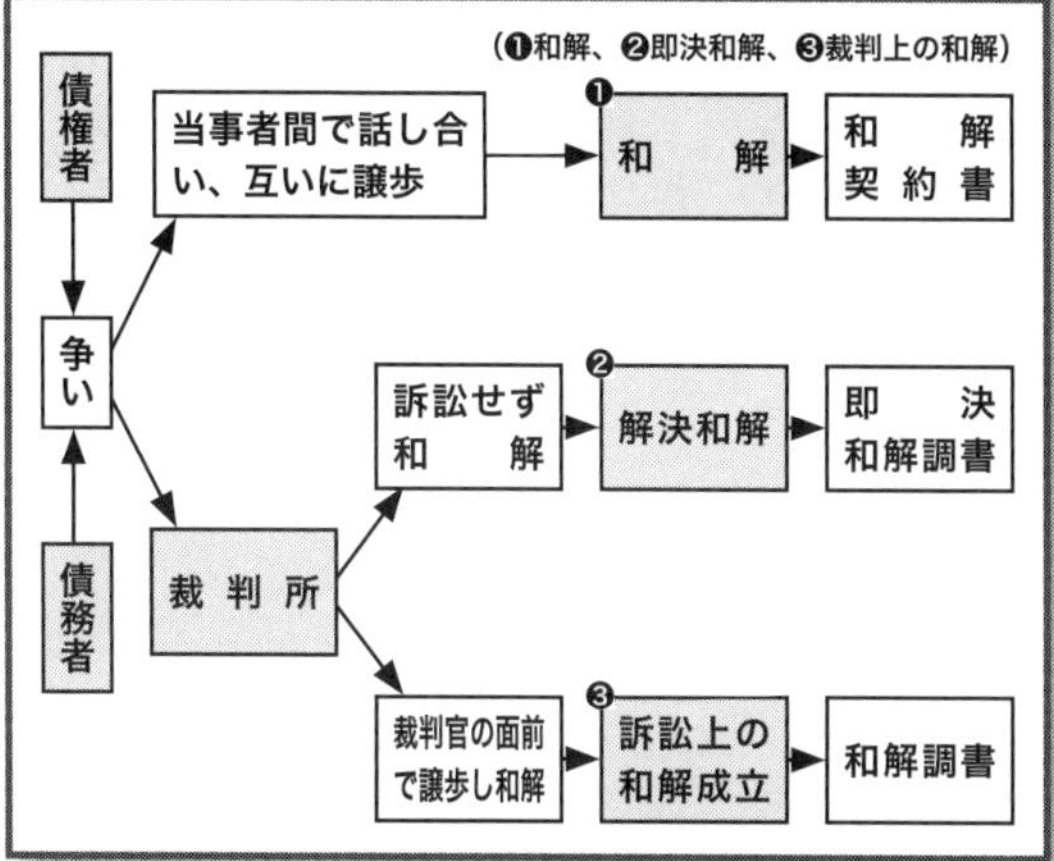

合は、1カ月以内に訴訟を起こさなければ、時効中断の効果は維持することができません。

なお、即決和解の申立ては、口頭でも可能ですが、通常は以下の2つを書面にし、2000円の印紙を貼付して、相手方の住所を管理する簡易裁判所に提出します。

①当事者の表示

②申立ての趣旨および争いの実情（紛争の内容）

さらに、当事者間の話し合いで決まったことは、「和解条項」として別紙で添付するようにします。

当事者双方が裁判所に出廷し、和解条項が勧告され、和解が成立すると、和解調書が作成されます。

24 法的手段による回収⑧　民事調停

民事調停とは、当事者双方が調停委員を交えて裁判所で話し合いを行うことです。調停が成立すれば、裁判所によって調停調書が作成され、申立てによって双方に送付されます。この調停調書が債務名義となります。

民事調停は、債権者と債務者のどちらからでも申立てをすることができます。相手方の住所地などを管轄する簡易裁判所に、申立書に請求額に応じた印紙、証拠書類を添えて申立てを行います。その後1カ月ほどで裁判所から調停の期日や場所などが記載された呼出状が送られてきます。

実際の調停では、まず裁判官と民事調停委員2名以上からなる調停委員が個別に各当事者の言い分を聞き、その後調停委員を交えた双方の話し合いを行い、調停案が作成されます。

調停が成立すれば、調停調書が作成されますが、調停が不成立の場合、2週間以内に民

調停申立書の例

調停申立書

収入印紙

平成○年○月○日

東京簡易裁判所御中

申立人　青山次郎　㊞
東京都南青山○丁目○番○号
申立人　青山次郎
東京都港区赤坂○丁目○番○号
相手方　赤坂三郎

貸金請求調停事件
訴訟物の価格　金○万円
貼用印紙　金○○円

申立の趣旨
相手方は申立人に対し金○万円及びこれに対する平成○年○月○日より支払済に至るまで年五分の割合による金員を支払え、訴訟費用は相手方の負担とする、との調停を求める。

申立ての原因
1．申立人は平成○年○月○日、相手方に対し金○万円を弁済期同月末日の約束で貸渡した。
2．しかし相手方は、期限がきても支払いをしないので、本申立に及んだ。

添付書類
1．借用書（写）　1通

事訴訟を提起すれば、最初から民事訴訟を提起したものとみなされ、その際、調停の申立書に貼付した印紙は訴状の印紙として流用できます。したがって、民事訴訟を起こす前には、だめもとのつもりで民事調停の申立てをしてみることを考えてみてもいいでしょう。

なお、民事調停は、後述の訴訟と比較して、次のような特徴があります。

①調停は訴訟と異なり、非公開である
②当事者同士の話し合いが基本であるため、円満な解決が期待できる
③弁護士に依頼しなくても自分で手続することができるので、費用が安く済む
④調停内容は債務者も納得しているので、履行の可能性が高い

25 法的手段による回収⑨　支払督促

支払督促とは、裁判所が債権者だけの言い分に基づいて、債務者に対して金銭債権や一定の有価証券の請求について、支払を命ずることを言います。

支払督促は、債務者の異議申立てがなければ、証拠調べなどがなく、手続は速く進行することが特徴です。したがって、当事者間に争いのないケースに向いていると言えます。また、弁護士に依頼せずに自分で手続を進めることも可能で、費用が安くすみます。

支払督促の申立てをしたい債権者は、債務者の住所地を管轄する簡易裁判所に支払督促申立書に添付書類を添えて提出します（郵送可）。申立てを受理した裁判所の書記官は、当事者を呼び出して事情を聴取したり、証拠を提出させるなどといったことは一切せず、債権者の申立内容を形式的に書類審査します。そして、問題なしと判断したら、支払督促正本を債務者へ、通知書を債権者に送達します。

債務者から支払督促を受領した翌日から2週間以内に異議申立てがなければ、それから

支払督促手続の流れ

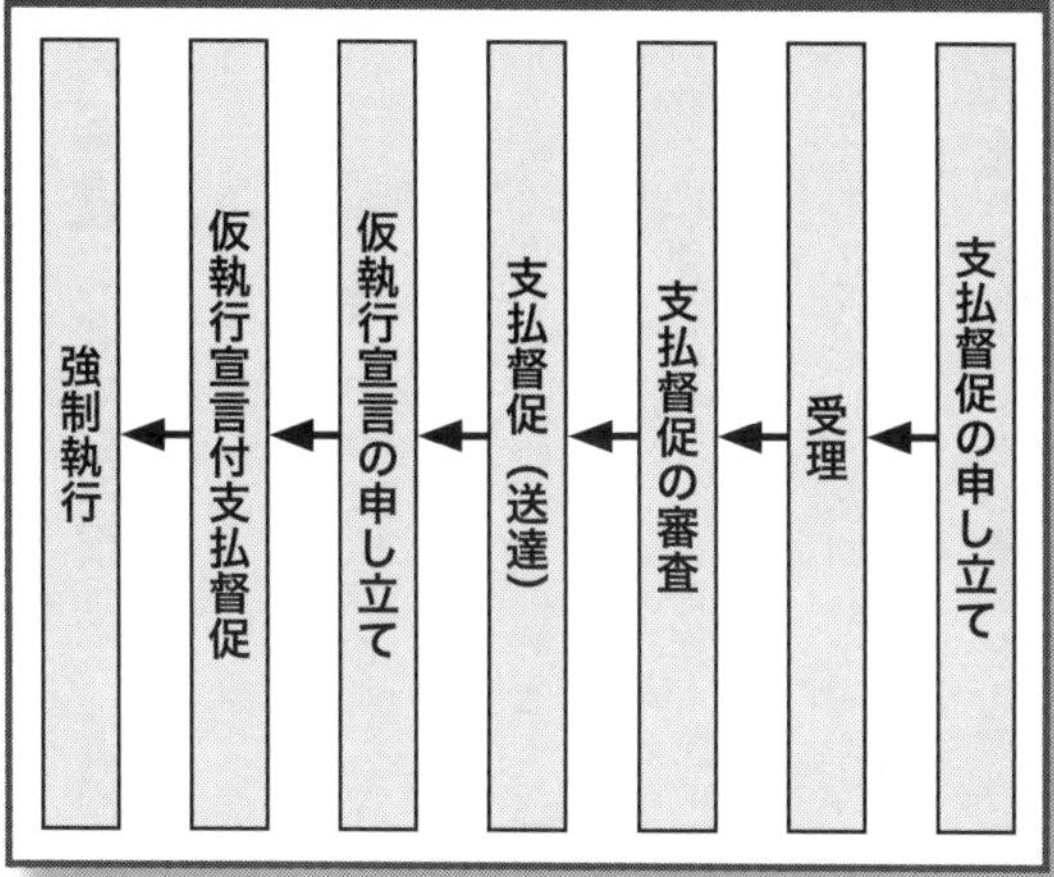

30日以内に裁判所に対して、仮執行宣言を申し立てます（これをやらないと、支払督促は効力を失います）。そして、裁判所は仮執行宣言をつけた支払督促の正本を当事者全員に送達し、これで債務名義の確定となり、当事者はただちに強制執行することができます。

支払督促や仮執行宣言付支払督促に対して、債務者から正本受領の翌日から2週間以内に異議申立があった場合、支払督促は効力を失い、通常の訴訟手続に移行します。したがって、そもそも争いがある債権には支払督促は向いてないと言えます。ただ、異議申立を怠る相手方もあり得るので、だめもとで申立てをしてみるのも手です。

26 法的手段による回収⑩　訴訟

債務者に債務を支払う意思がある場合はこれまで説明してきた公正証書や即決和解、民事調停、支払督促を使って債務名義を得て、強制執行することが有効です。

しかし、債務者に支払の意思がなく、うまく言い逃れて時効の到来を待とうとしているのが明らかな場合は、最後の手段として訴訟に持ち込むしかないと言えます。

ただし、訴訟には時間と手間とコストがかかります。さらに、せっかく勝訴判決を得ても、債務者に強制執行すべき財産が何もなければ、かかった時間も手間もコストも無駄になる可能性があることに留意しましょう。そのためにも、前述した保全処分を予め行ったり、後述する担保を使った回収を考えてみることが大切です。

なお、訴訟には裁判所に納める訴訟費用以外に、弁護士費用がかかります。そのほかにも、管轄地の裁判所までの旅費や証拠の鑑定費用など予想以上に嵩むものもありますので、訴訟を行う際は専門家とよく相談しておきましょう。

訴訟の流れ

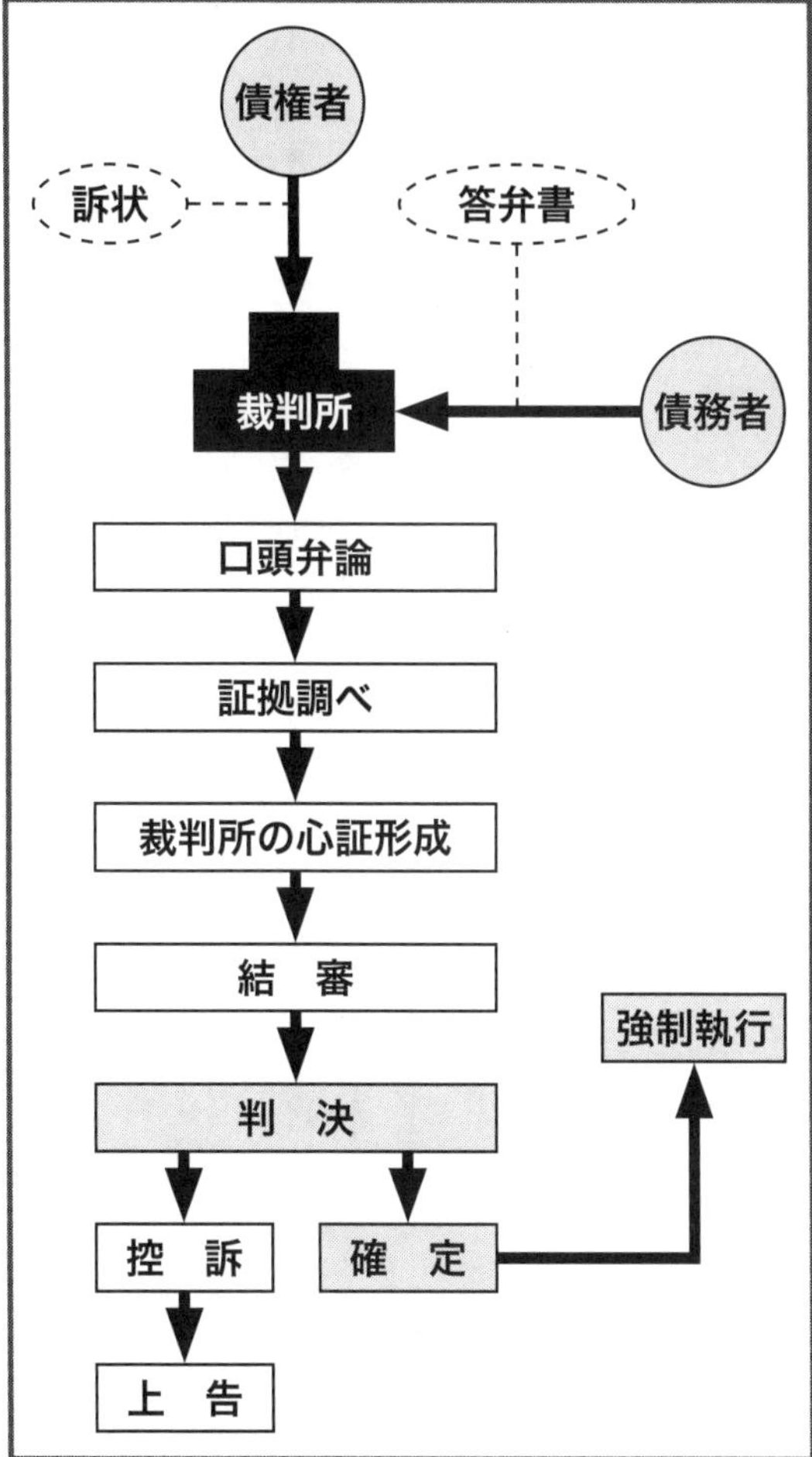
債権者
訴状
答弁書
裁判所
債務者
口頭弁論
証拠調べ
裁判所の心証形成
結　審
強制執行
判　決
控　訴
確　定
上　告

27 法的手段による回収⑪　少額訴訟

前述したように、訴訟は時間と手間とコストがかかるという意味で、訴える側にとってもそれなりの負担となります。債権の額が少額の場合は割に合うものとは言えません。

そこで手続を簡略化することで少額の債権であっても訴訟に持ち込むメリットを持たせる制度が平成10年1月1日から施行されました。それが少額訴訟制度です。

少額訴訟は、原則1日で審理を完了して判決が出るという迅速さが最大の特徴です。したがって、当事者は当日すべての証拠や証人を用意する必要があります。証拠調べは即時に取調べができるものに限られ、この他にもさまざまな簡素化措置がとられます。手数料は最大でも6000円で済み、手続が簡単なので弁護士に依頼する費用も節約できます。

少額訴訟では、口頭弁論の後、ただちに強制執行が許される仮執行宣言付の判決が言い渡されますが、原告（債権者）勝利の場合、裁判所は債務者の資力やその他の事情を考慮して、3年を超えない範囲で支払期日を延期させたり、分割払いを認める判決を下すこと

少額訴訟のメリットとデメリット

メリット	①	審理が1日で終了する
	②	分割払いの判決もできる
	③	判決に仮執行宣言がつけられる
デメリット	①	30万円を超える事件は不可
	②	同一の簡易裁判所について同一年10回しか利用できない

ができます。判決に異議申立（2週間以内）があった場合は、通常の訴訟に移行します。また、被告である債務者は、事件が複雑で1日の取調べでは判決は無理などの理由があれば、最初の日において、通常訴訟への移行を求めることができます。

最後に、少額訴訟の対象となるのは、「訴額60万円以下の金銭請求権」に限られています。したがって、売掛金や貸付金などは対象となりますが、家屋の明け渡しなどには認められません。また、少額訴訟制度は債務者の住所地を管轄する簡易裁判所が扱いますが、1人または1つの会社が同一簡易裁判所において少額訴訟制度を利用できるのは年10回までと制限されていることに注意しましょう。

28 法的手段による回収⑫ 強制執行

強制執行とは、判決、公正証書、即決和解調書、調停証書、支払督促といった債務名義を持っている債権者が債務者の財産を差し押えて、競売などの方法で換価処分を行い、その処分代金から債権の回収を図ることを言います。

強制執行は、担保権の実行による競売に似ていますが、次の点が異なります。すなわち、担保権の実行による競売の場合は、担保の目的物しか競売できません。しかし、金銭債権を目的とする強制執行の場合は、差押禁止財産以外の債務者のすべての財産を任意に差し押さえることができます。その一方、担保権には目的物件に対して優先弁済権がありますが、強制執行の場合はこの優先権がありません。したがって、その財産に担保権がついている場合、回収できるのは、その被担保債権額を除いた残額のみになります。

そのため、執行文付きの債務名義を有する債権者は、債務者の動産、不動産、債権のいずれかについて強制執行の申立てを行います。

強制執行の種類

①	動産に対する強制執行
②	不動産に対する強制執行
③	債権に対する強制執行

①動産に対する強制執行

執行官に動産執行の申立てを行います。執行官に相手の財産を差し押さえてもらい、競売してその代金の支払を配当してもらいます。

②不動産に対する強制執行

裁判所に不動産執行（競売）の申立てを行うと、裁判所が直ちに差押の登記を行います。その上で執行官を使って不動産の最低競売価格を決定した後、期間入札などの方法で競売し、その代金を配当してもらいます。

③債権に対する強制執行

裁判所に債務執行の申立てを行います。裁判所は相手の債権を差し押さえると同時に、申立人が望めば、債権自体を申立人に移転してくれます（転付命令）。

29 担保による回収① 担保の役割と種類

担保とは、債権の安全・確実を保証するために債務者から債権者へ提供されるものです。

担保をとるメリットとしては、債権と同価値以上のものに担保権を設定しておけば、万が一債務者が倒産に追い込まれたとしても、強制執行という法的な手続をとらなくても、ただちに全額回収できるという点と、他に何人債権者がいようと最優先で回収できるという点が挙げられます。

担保はビジネスの世界では不可欠の存在です。たとえば、独立して会社を設立するための資金を銀行に借りに行った場合、まず間違いなく不動産を担保に提供することと、保証人を立てることを要求されます。創業したばかりでまだ実績や信用がない企業に融資する場合、銀行は貸倒れのリスクを背負うわけですから、当然のことと言えるでしょう。逆に担保を要求されるということは、まだ信用ができていないことの証拠に他なりません。

したがって、ビジネスにおいて担保はむやみやたらと取るものではありません。しかし、

担保の種類

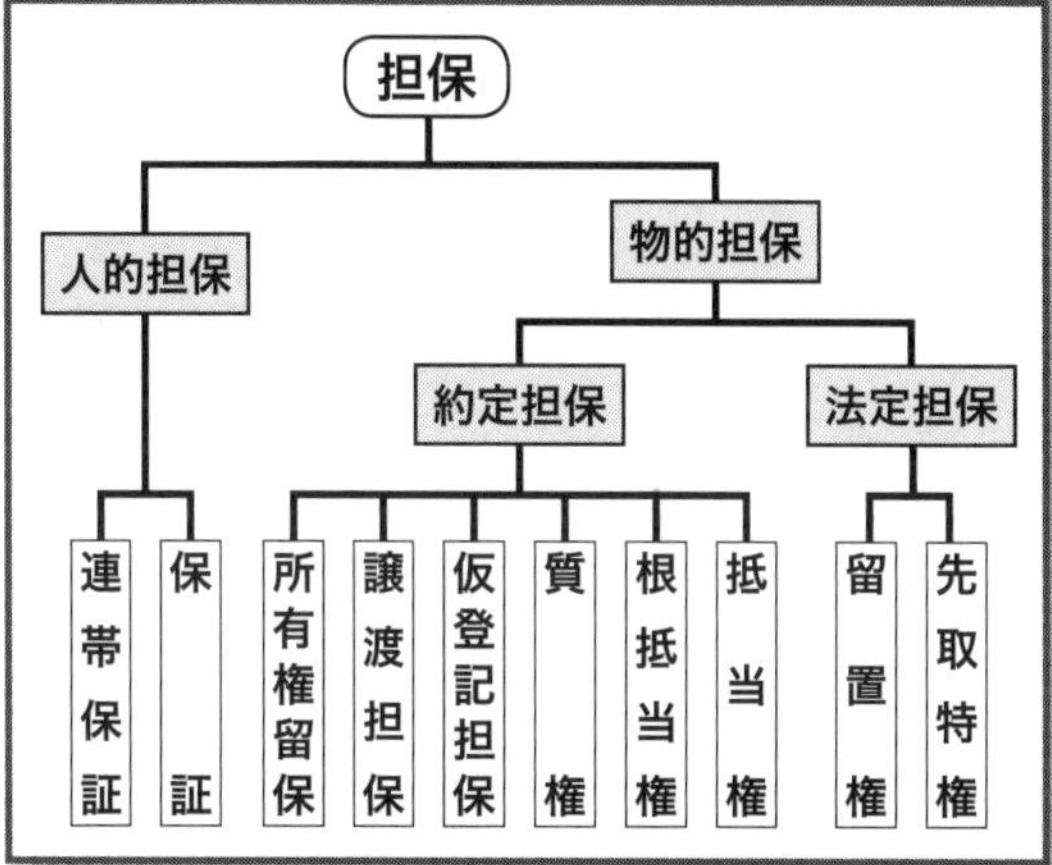

少しでも相手の信用に危なさを感じたのであれば取るべきです。それが自分の会社を守ることにつながります。

担保は、大きく物的担保と人的担保に分けることができます。物的担保は不動産などの財産を担保にとる方法であり、人的担保は債務者以外の第三者に保証人あるいは連帯保証人になってもらい、債務を担保にとる方法です。

物的担保はさらに法律上の一定の要件を満たせば当然に発生する法定担保（先取特権、留置権）と、当事者間の契約によって発生する約定担保（抵当権、根抵当権、質権、仮登記担保、譲渡担保、所有権留保など）に分けられます。

30 担保による回収② 保証と連帯保証

本来の債務者（主たる債務者）が債務の弁済をしないとき、代わりに第三者（保証人）が債務を履行することが人的担保、すなわち保証です。

保証は、債権者と保証人の間に保証契約が結ばれることによって成立します。主たる債務者が個人である場合はその家族や知人が頼まれて保証人になる場合がほとんどですが、保証契約は債権者と保証人の間で結ばれることに気をつけましょう。主たる債務者が会社である場合は代表取締役が個人で保証人となることが一般的です。

主たる債務者が債権者に対して債務を履行しない場合、保証人は同額の保証債務を負うことになります。ただし、保証人は次の3つの権利によって、債権者がいきなり保証人に請求してきても直ちにこれに応ずる必要はありません。

①催告の抗弁権

まず主たる債務者に請求せよと主張して、債権者の請求を拒絶できます。

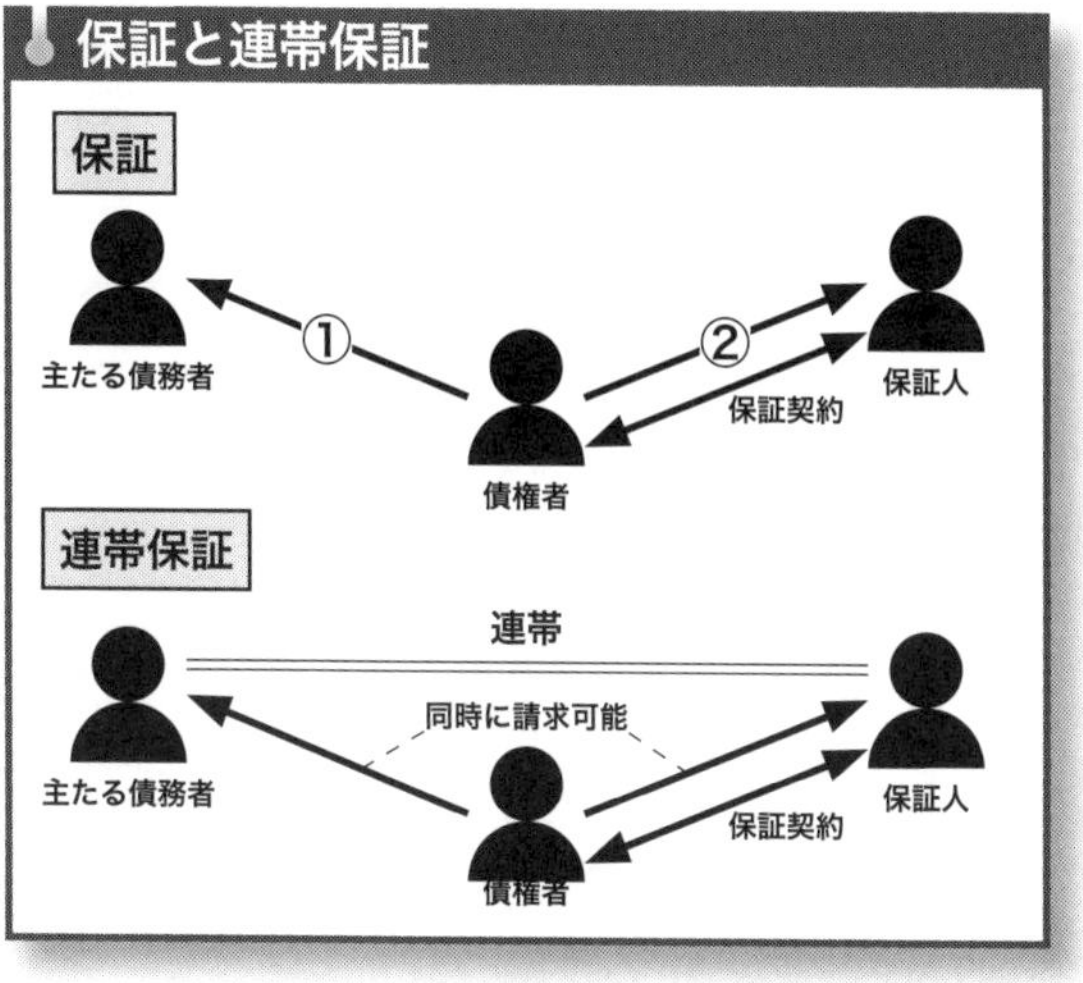

②検索の抗弁権

主たる債務者に弁済資力があり、それに執行することが容易であることを証明して、まず主たる債務者の財産に執行せよと言うことができます。

③分別の利益

保証人が複数いる場合、各保証人は主たる債務について平等の割合で責任を負えばいいという権利です

なお、保証には単なる保証と連帯保証の2つがあります。連帯保証は主たる債務者と保証人が連帯して債務を履行しなければなりません。したがって、前記の3つの権利は連帯保証人には認められず、債権者はいきなり連帯保証人に請求することができます。

31

担保による回収③　根保証

根保証とは、保証の限度額や期間が定まっていない保証のことです。一般の保証はたとえば金500万円の借入という特定の債務のことを指しますが、根保証は継続的な売買関係や銀行からの融資契約など、継続的な信用取引関係から生ずる不特定の債務を言います。継続的な取引から発生する債務なので増減が生じますが、これを包括的に保証し、将来のある一定の時期に債務額が確定した時点で、その確定した債務額について、保証人が保証債務の責を負うことになります。

このように根保証は保証人にとってはかなり酷なものですが、逆に債権回収する側からみれば、継続取引における有力な回収手段の一つだとも言えます。

もともと根保証については、保証の限度額や期間について定めのない場合でも保証人がそのことを十分に理解しないまま保証契約してしまい、巨額の保証を背負わされるという問題(いわゆる商工ローン問題)が深刻でした。そこで平成16年に民法の一部改正が行われ、

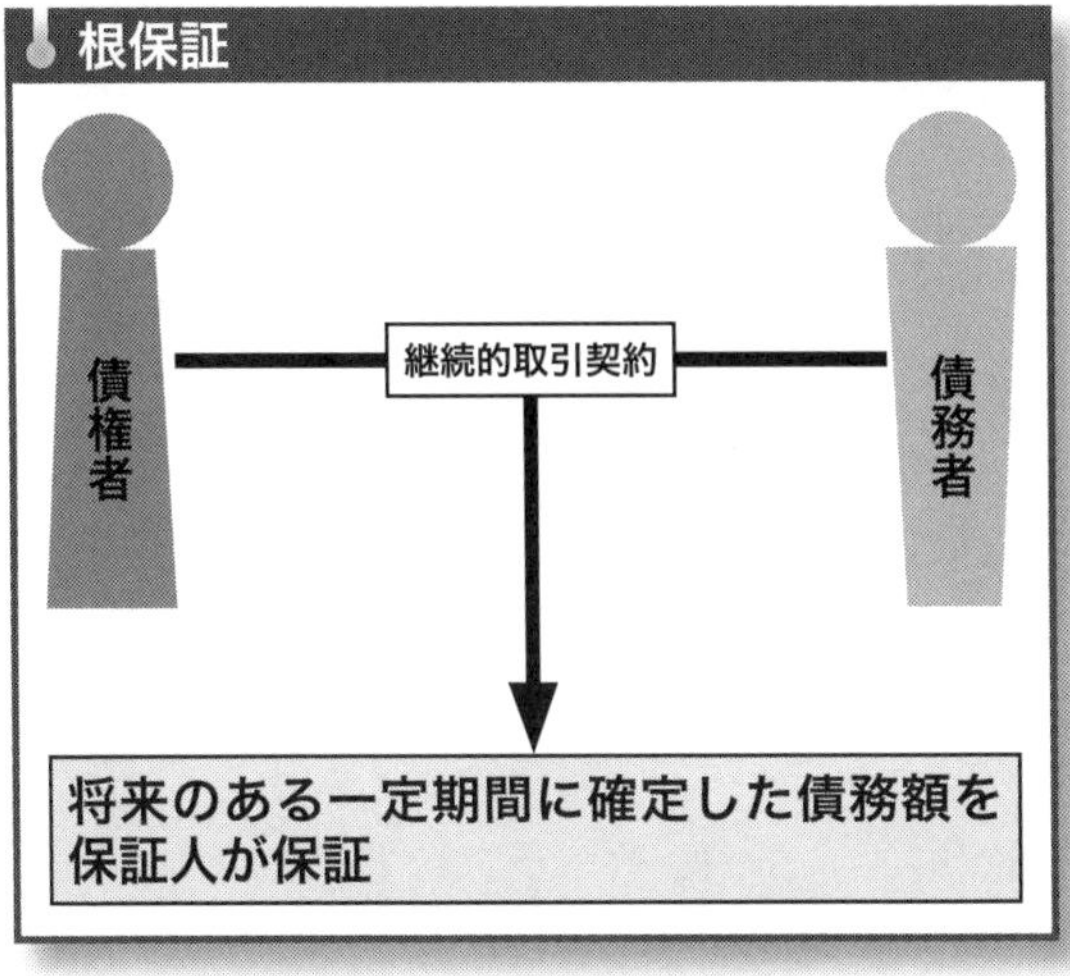

個人を保証人とする「貸金等根保証契約」については、次のような制限が行われました。

①極度額（限度額）の定めのない根保証契約は無効となりました

②根保証をした保証人は、元本確定期日までの間に行われた融資に限って保証債務を負担することになりました。この元本確定期日は契約で定める場合は契約日から5年以内、定めのない場合は契約日から3年後の日となります。

③主たる債務者や保証人が、強制執行を受けたり、破産手続開始の決定を受けたり、死亡した場合には、根保証をした保証人はその後に行われた融資については保証債務を負担しないこととしています。

32 担保による回収④　抵当権

抵当権は、債権者が債務者から担保として提供された物件を債務者にそのまま使用させて、債務が弁済されない場合にはその物件から優先的に弁済を受けられる権利のことを言います。抵当権の設定が認められるのは次ページの表に掲げたようなものです。

抵当権は物的担保の中で最もポピュラーなものです。銀行が会社に融資する際にまず検討や要望を促すのは、その会社が所有するビルや工場、土地といった不動産への抵当権の設定です。債権者にとっても、抵当権は次のような利点があります。

①債務者が支払いをしない場合に、訴訟によらなくても、目的物を競売にかけて、そこから債権回収することができる

②抵当権は登記することによって、第三者に自分の権利を主張できる

③抵当権は排他的に自分の債権を満足することができる（優先弁済権がある）

④ 万が一抵当権を設定した建物が焼失したとしても、その建物の火災保険金請求権に

抵当権の設定が認められるもの

①民法
・土地、建物などの不動産 ・地上権 ・永小作権
②その他の法律
・商法上の登記をした船舶 ・特別法上の財団（工場、鉄道、鉱業、道路など） ・特別法上の立木、採石権 ・農業用機械、自動車、建設機械、航空機など

抵当権の効力が及んで、優先的に債権回収することができる（物上代位）

一方、債務者にとっても、抵当権は利点がある担保です。なぜなら、後述する質権と異なり、抵当権は設定をされた後も引き続き担保の目的物を使用できるからです。つまり、担保提供者は自宅に住みつづけたり、工場を稼動させることができます。また、抵当権は登記簿を見ないかぎり、外観からは担保が設定されているかどうかわかりません。

抵当権は債権者（抵当権者）と担保物提供者（抵当権設定者）との間の抵当権設定契約によって、その効力が発生します。登記しなくても契約は有効に成立しますが、当事者以外の第三者に対しては対抗できません。

33 担保による回収⑤ 抵当権の設定

前項で説明したとおり、抵当権が設定された後も、抵当目的物は債務者が引き続き使用していますから、第三者は外観だけではその目的物に抵当権が設定されたかどうかわかりません。そのためにその第三者が不測の損害を被る可能性もあります。

そこで、抵当権の設定を公示する手段として抵当権の設定登記の制度があります。設定登記していない抵当権は第三者に対抗できません。

したがって、抵当権の設定契約を結んだら、直ちに設定登記することが重要です。なぜなら、一つの物件について複数の債権者（抵当権者）がいた場合、抵当権の優先順位は登記申請が登記所に受理された順番によるからです。この優先順位のことを早いものから一番抵当、二番抵当などと言います。

登記申請は、抵当権者と抵当権設定者が共同で行います。抵当権設定者は通常は債務者ですが、それ以外の人が債務者のために不動産を担保に提供してくれることもあります。

登記申請の書式例

登記申請書

登記の目的　抵当権設定
原　　因　平成　年　月　日
同日設定
債権額　金
利　息
損害額
債務者
抵当権者
設定者
添付書類
原因証書　登記済証　印鑑証明書
代理権限証書　申請書副本
平成　年　月　日申請　法務局　支局　出張所
代理人
課税価額　金
登記免許税　金
不動産の表示

受付	
平成　年　月　日	第　号

記入	図面	調査	通知	受付	校合	印鑑	下付

これを物上保証人と言います。

登記申請は司法書士に委任することが一般的です。以下のような書類を抵当権設定者に準備してもらいます。

①不動産の権利証
②印鑑証明書（発行後3カ月以内のもの）
③抵当権設定者が法人である場合は資格証明書や商業登記簿謄本など
④司法書士などに委任する場合は委任状（実印が押されていること）

以上の登記義務者の書類のほかに、抵当権設定契約書と債権者の住民票（法人であれば資格証明書）を登記申請書に添付して管轄法務局へ提出します。

34 担保による回収⑥ 抵当権の実行

債務者が期限までに債務を弁済しなかった場合、債務者（抵当権者）には、以下に掲げる3つの方法のいずれかを選択することによって、優先的に弁済を受けることができます。

①担保不動産の競売

まず管轄裁判所に不動産競売の申立を行い、それを受けた裁判所は不動産競売開始の決定を出します。そして、裁判所は抵当不動産を差し押さえることを宣言し、登記所（法務局）に嘱託して差し押さえの登記をします。その上で、裁判所は抵当不動産の調査および評価を行い、最低売却価額を決定します。そして、期間入札や特別売却などの方法で抵当不動産が売却されます。その後、抵当権の順位に従って、売却代金が配当されます。

②賃料への物上代位

債務者が抵当物件から月々得ていた賃料を差し押さえて、賃借人から直接支払を受けて回収に充てることです。競売よりも簡単かつスピーディーな回収が可能です。債権者が管

抵当権の実行

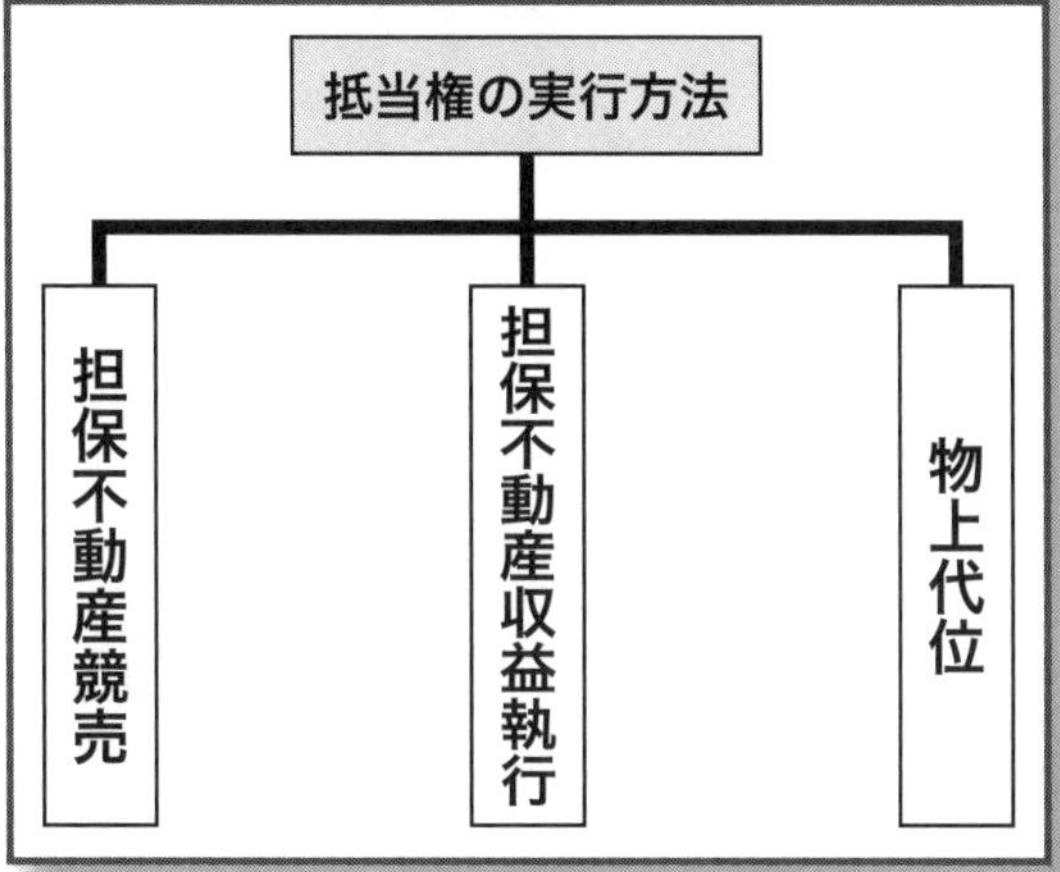

轄裁判所に差し押さえを申し立て、債権差押命令を債務者と賃借人（第三債務者）に送達してもらい、賃借人から直接毎月賃料を取り立てます。なお、賃借人の特定が必要です。

③担保不動産収益執行

②の物上代位と同様、賃借人から直接賃料を受け取って回収に充てる方法ですが、賃借人の特定が困難だったり、不法占拠者がいるなど、物上代位では対応できない場合に用いる方法です。手続は債権者が申立を行うと裁判所が物件を差し押さえ、管理人を選任します。管理人は裁判所の監督下で不動産維持管理や収益の収取等を行い、収益から費用などを控除して債権者に配当します。物上代位と違って、管理費用や管理人報酬がかかります。

35 担保による回収⑦　根抵当権

一般の抵当権はある特定の債権を担保するものであり、その債権が消滅すれば、抵当権も同時に消滅します。

しかし、これは会社が相手の場合は不都合です。なぜなら、会社の資金借入需要や取引に基づく債務は、何度も発生することが多く、債務が発生する度に抵当権設定契約を結んだり、登記したり、抹消するのは企業にとって大変な負担になるからです。

そこで、根抵当権という制度が設けられています。つまり、一定の範囲に属する不特定の債権を一定の限度額において、まとめて精算して担保するというものです。

もっとも、民法は「一切の債権を担保する」というような包括的な根抵当権は認めず、継続的商品取引契約、銀行取引、手形・小切手上の債権など、被担保物権の範囲がある程度特定しているものについてのみ、これを認めています。

また、根抵当権は、担保する債権の上限額、すなわち極度額が決められています。上限

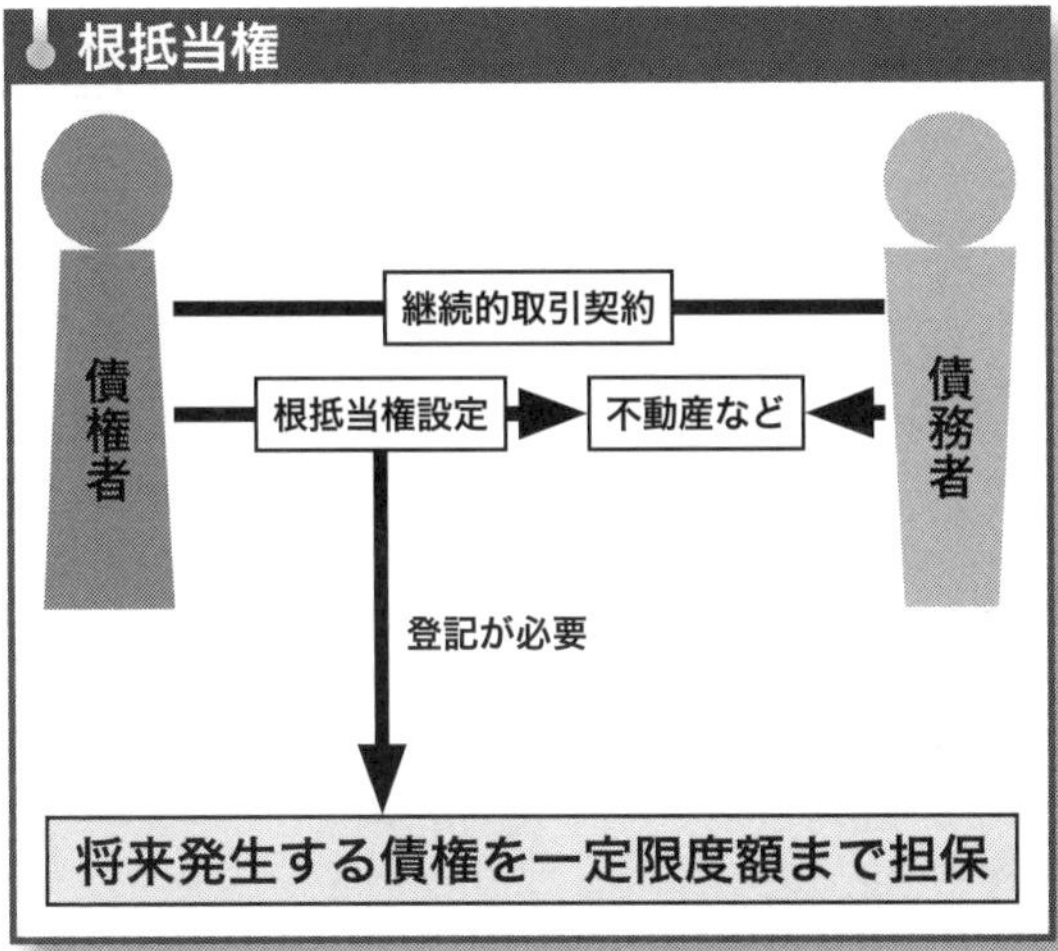

を設けることで、他の債権者も担保価値を見ながら取引できるようにするためです。

具体的には、銀行と取引先との当座貸越契約や、企業間の継続的な商品供給契約などが挙げられます。

根抵当権は当事者間の設定契約の締結によって成立します。契約にあたっては、担保物件、債権者、債務者、担保される債権の範囲、担保される債権の元本、利息、損害金の限度額、確定期日を定めます。

根抵当権は抵当権の一種なので、特別の規定がある場合を除き、抵当権に関する法規定が適用されます。また、根抵当権の登記には、それが根抵当であることと、債権極度額が明らかにされます。

36 担保による回収⑧　質権

質権は、債権者がその債権の担保として質権設定者（債務者または第三者）から受け取った物を債務が弁済されるまで債権者の手元に留置し、弁済がされなかったときにはその物について他の債権者に優先して弁済を受けることができる権利のことです。

債権者は、債務が弁済されるまで担保として提供された物を手元に留置することで、債務者に「弁済しないと返してもらえない」という心理的な圧迫を加えて弁済を強制することができます（留置的効力）。そして、期限までに債務が弁済されないときは、その物を一定の手続き（競売や鑑定人による評価）に従って換価して、その代金から優先的に弁済を受けることができます（優先弁済的効力）。

質権と前項で解説した抵当権の違いは、次の2点です。

①債務者の担保物権の使用について抵当権は使用できるが、質権はできない

②担保物権の対象は、抵当権は法律で定められたもの（主に不動産）しか設定できない

質権の設定が認められるものの例

①	不動産 通常は抵当権を設定するのが一般的	
②	動産	・貴金属 ・株券
③	債権	・預貯金 ・生命保険金 ・ゴルフ会員権

が質権は譲渡可能なものであれば何でも
設定できる

質権は債権者と質権設定者の間での質権設定契約によって生まれますが、当事者の合意だけでなく、担保物権を質権設定者から債権者に引き渡して初めて効力を発揮します。

また、質権による債権回収には流質契約の問題があります。流質契約とは、弁済が弁済期に行われないときに、債権者に質物の所有を取得させたり、処分させるなどの約定を結ぶことです。民法ではこのような流質契約は無効です（質屋ではいわゆる「質流れ」として有効）が、商行為によって生じた債権を担保するために設定された質権については認められています。

37

担保による回収⑨　譲渡担保

譲渡担保とは、担保をいったん債権者に譲渡し、債務が弁済された場合には返還するという形式の債権担保の方法です。

動産を担保にとる方法という意味では、前項で説明した質権と同じですが、質権が担保物権を債権者に引き渡さなければならないのに対し、譲渡担保は所有権が債権者に移動するものの担保物権は債務者が引き続き使用することができます。その意味では抵当権と同じですが、抵当権は動産には設定できません。

このように、動産の担保を債権者に引き渡さずに自分の手元で使い続けることができるということで、譲渡担保は中小企業などに対する金融機関の担保として広く利用されています。法律ではなく、実務で考えられた担保なので、判例が現実に即した理論を示しています。

判例によると、譲渡担保の対象となる物件は、譲渡可能な財産権であれば、債権でも、

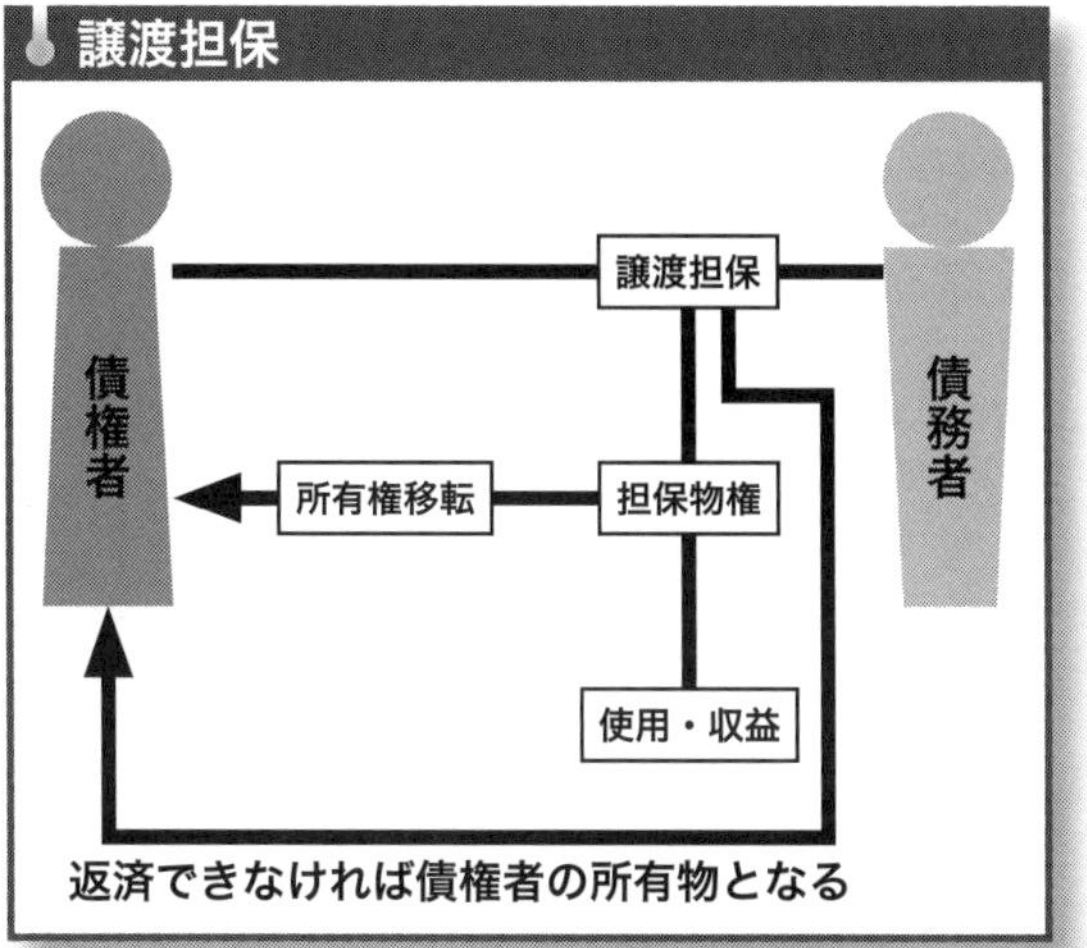

動産でも、不動産でも、さらには特許権などの無体財産でもよいとされています。

債務者が期限が来ても債務を弁済しないときは、債権者は目的物の所有権を取得したり、売却したりして、債権回収を図ることになります。どちらの方法をとったとしても、目的物の適正価額、あるいは処分した価額との間に差額があれば、これを清算しなければなりません。

譲渡担保は債権者と担保設定者との間の譲渡担保設定契約によって設定されます。譲渡担保の対抗要件は、不動産であれば担保物の所有権移転登記、動産であれば担保物の引渡しになりますが、動産の場合は民法にある「占有改定」という方法がとられます。

第4章

知的財産管理

1 知的財産権

私たちの身の回りにあるモノやサービスはそのほとんどが人や企業による知的活動によって生み出されています。

たとえば、毎日使っている携帯電話を思い浮かべてください。携帯電話は通信や液晶をはじめ、その他さまざまな機能をコンパクトにまとめる高度な技術の固まりです。また、携帯電話本体にはそのサービスを行う企業の名前が独創的なロゴマークの形で付けられていますが、こういったブランドは購入を決める際に重要なポイントとなったはずです。さらに、携帯電話本体のデザインも同様に重要な要素です。その他にも、携帯電話で楽しむことのできる映像や音楽、情報などのコンテンツも創作活動によるものです。

現代では、これら知的活動によって生み出されたもの（知的財産あるいは無体財産と言います）の企業経営における重要性がますます高まっています。多くの時間やコストをかけて開発された技術や長い期間にわたって信頼性を高めてきた企業や商品・サービスのブ

知的財産権とは

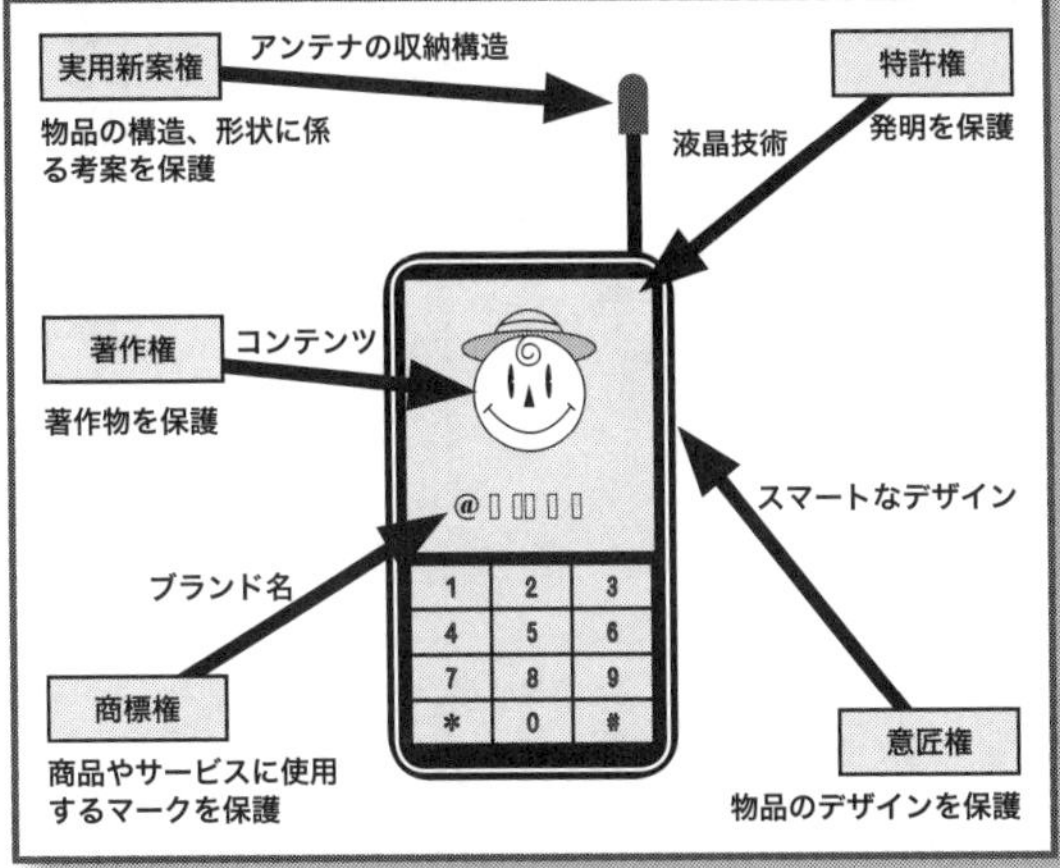

ランド力は、ヒト・モノ・カネと並んで「第4の経営資源」と呼ばれるようになり、第三者に無断で使用されたり、模倣されたりすることから保護されなければならないほか、適法に譲渡や使用許諾されなければなりません。

そのため、個別の知的財産ごとに法律が整備されていますが、日本政府も、わが国の産業の持続的な発展や国際競争力強化を目的に、知的財産の創造・保護・活用に関する施策を促進するための知的財産戦略大綱を打ち出し、それに基づいた知的財産基本法が2003年3月1日に施行されました。この法律では知的財産の取り扱いについて、国や自治体、大学、事業者の責務を明確にし、その活用に関するさまざまな施策を定めています。

2 特許権① 特許権の概要

特許権は、特許を受けた発明を独占的に利用できる権利です。

特許を受けることができるのは、原則としてその発明の発明者です。ただし、企業の従業員が企業の設備を利用して、職務として実現した発明については、「職務発明」として、企業に発明を実施する権利が認められます。この場合、特許を受ける権利は個人に帰属していますが、職務規則や契約で特許を受ける権利や実施する権利を企業に譲渡する旨を定めることが可能です。その際、従業員は相当の対価の支払を受けることができます。

また、特許を受けることのできる発明は、「①産業上利用できる」かつ「②新規性を具えた」発明で、その発明の属する技術分野における通常の知識を有する者が容易に発明することのできない「③進歩性を具えた発明」である必要性があります。また、公序良俗に違反しない発明であることも条件です。

特許権は一種の財産権ですから、他人に譲渡したり、実施を許諾することができます。

特許を受けることのできる発明

① 産業上利用可能

＋

② 新規性

＋

③ 進歩性

実施許諾には「専用実施権」と「通常実施権」があります。

専用実施権者は、特許権者から許諾された範囲内で、業として独占排他的にその特許発明の実施をする権利を専有します。したがって、第三者が無断でその発明を実施した場合には、専用実施権者は独自にこれを差し止めることができます。専用実施権は特許原簿に登録する必要があります。

一方、通常実施権者は、許諾された範囲内でその特許発明の実施をする権利を有します。したがって、特許権者は同一内容の通常実施権を同時に複数の者に許諾できます。特許原簿への登録も効力発生要件ではなく、第三者への対抗要件です。

3 特許権② 特許権の取得と管理

特許を受けるためには、特許庁長官に対して発明を出願する必要があります。出願された発明は審査官による審査を経て、特許査定を受け、特許登録原簿に登録されることで成立します。具体的には以下のようなプロセスを踏みます。

まず願書と呼ばれる特許願に、発明の内容を説明した明細書、特許請求の範囲、図面（任意）、発明の概要を記した要約書をそろえて特許庁長官に提出します（出願）。

特許庁では書類の不備がないかどうか形式的に審査（方式審査）を行い、不十分であれば、補正命令を出します。不備がなければ出願から1年6カ月後に自動的に技術内容が「公開特許公報」に掲載されて公開されます（出願公開）。

ここで出願特許を現実に特許権として権利化する意思があれば、一定期間内に審査請求を行います。そして、出願された内容について、産業上の利用可能性や新規性、進歩性などの実体審査が行われます。これらの要件を満たしていなければ拒絶理由が通知され、補

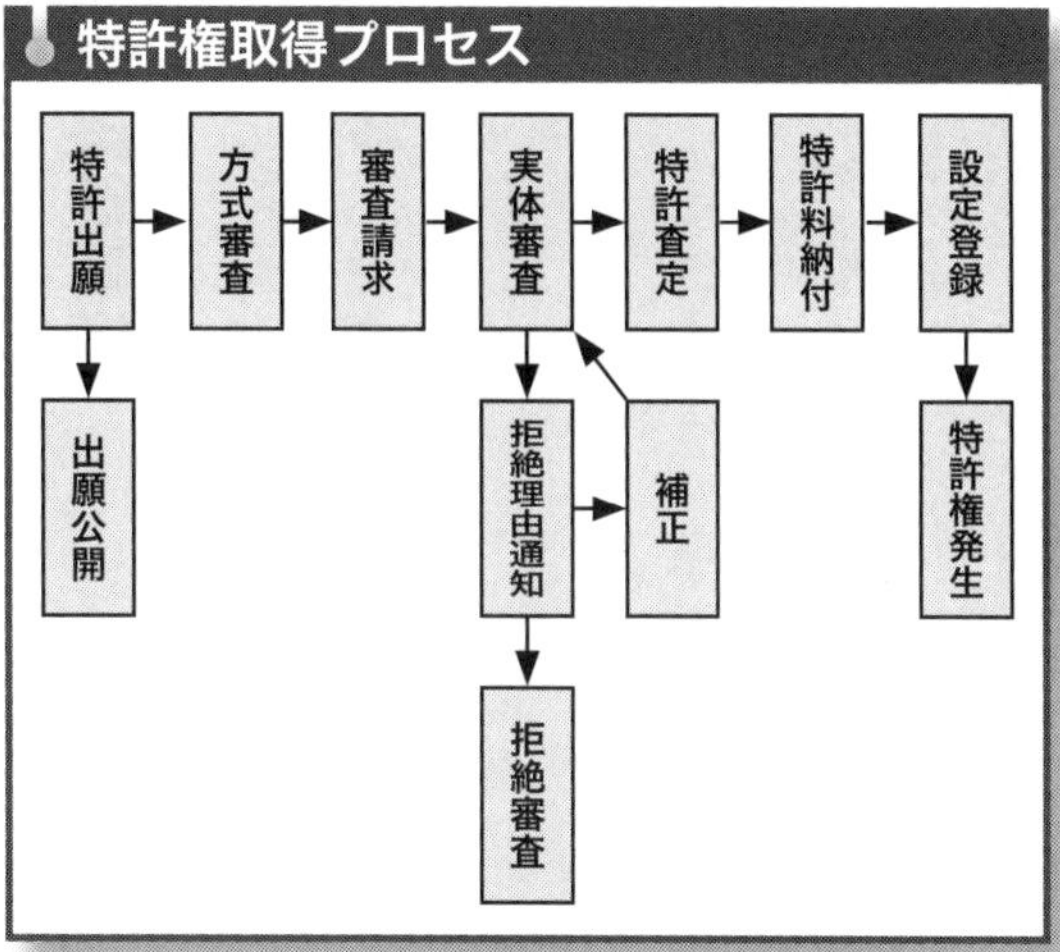

正の機会が与えられます。

審査にパスすれば、特許査定が出され、登録料の納付後、特許権の設定登録が行われます。設定登録が終わった特許権は原則として出願の日から20年間保護されます。

なお、複数の者が同じ発明を同時期に完成した場合、日本では先に出願した者に特許を認める先願主義が採用されていますが、アメリカでは先に発明した者に特許を認める先発明主義がとられています。

また、特許権が侵害された場合、特許権者は差止請求、損害賠償請求、信用回復措置請求、不当利得返還請求を行うことができるほか、特許権を侵害した者には刑事罰が科されます。

4 実用新案権

実用新案とは、従来ある物品を形状・構造・組み合わせなどを工夫し、さらに使いやすくするなど産業上利用できる考案であり、実用新案権とはこれを独占排他的に実施する権利です。特許権における発明ほど高度な技術的創作がされていない小発明を保護し、特許制度を補完するためにある制度と言えます。

実用新案権も特許庁での登録制をとっており、取得は出願からスタートし、設定登録で完了します。しかし、特許権と異なり、産業上の利用可能性、新規性、進歩性などの実体審査は省略され、形式的審査のみで設定登録を行う早期登録制度がとられています。

実用新案権は出願から約6カ月で設定登録され、保護期間は出願日から6年です。出願の日から3年以内であれば、実用新案登録後でも、原則として実用新案登録に基づいて、特許出願をすることができます。

なお、実用新案は形式的審査のみで登録されるので、実質的に保護レベルに達してない

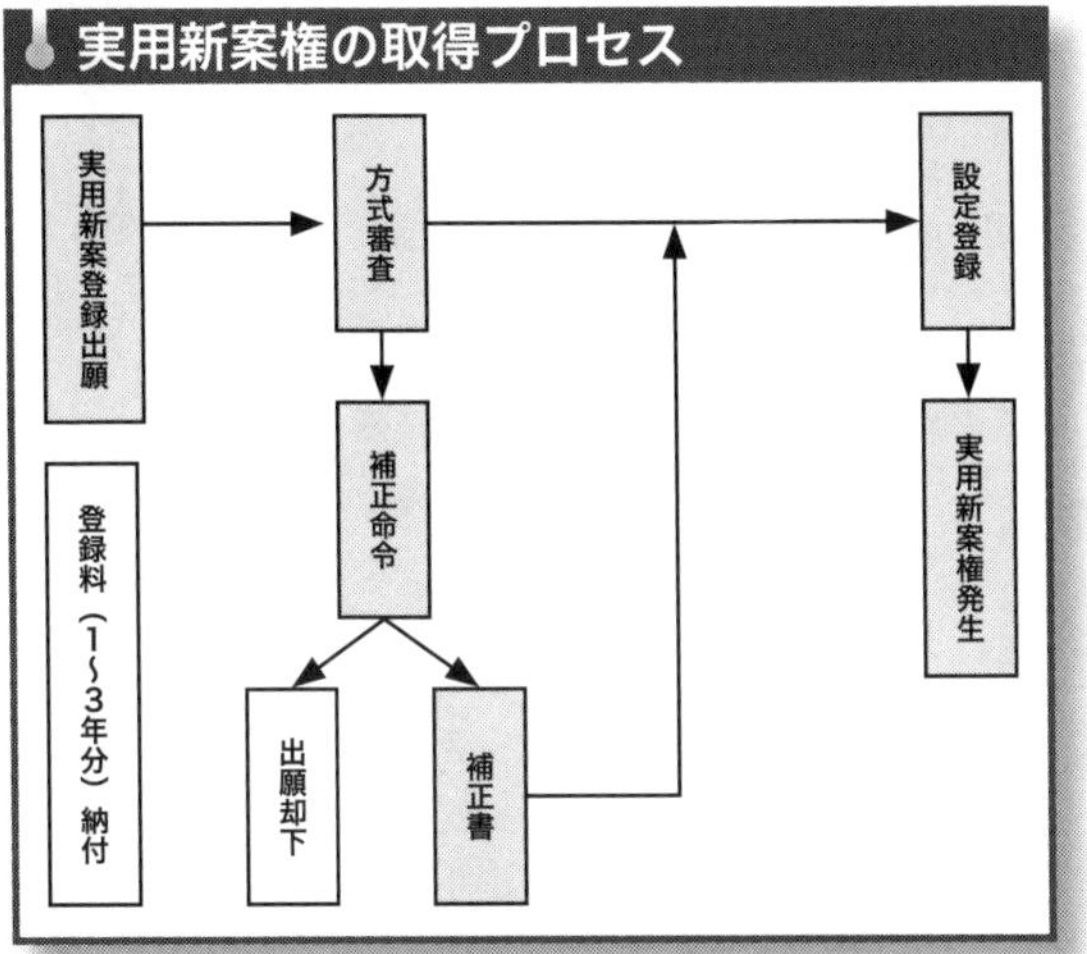

ような実用新案が登録され、権利行使される可能性があります。このような権利濫用を防ぐために、実用新案技術評価書を呈示して警告した後でなければ、侵害者に対して実用新案権を行使することができないとされています。また、実用新案権者が侵害者に対して実用新案を行使した後に、その実用新案登録の無効審決が確定したときは、原則として、権利行使をした実用新案権者が損害賠償責任を負います。

技術の寿命が比較的長く、保護期間が６年間では不十分な技術については、実用新案ではなく、特許出願による権利保護を考えるべきでしょう。

5 意匠権

意匠とは物品（有体物）の形状や模様、色彩、またはこれらの結合であり、視覚を通じて美感を起こさせるものを言います。いわゆるデザインを指します。

そして、意匠権は、意匠登録を受けた意匠およびこれに類似する意匠を、業として独占排他的に実施できる権利を言います。

意匠権は所定の事項を記載した願書に意匠登録を受けようとする意匠を記載した図面を添付して特許庁に出願します。一定の審査を経て意匠登録が完了します。意匠権は登録の日から20年間保護されます。意匠登録を受けるためには、以下の要件が必要です。

①工業上利用性……工業的方法により、量産可能であること（一品制作の工芸品は不可）
②新規性……出願前に展示会での展示や出版物への掲載、インターネットでの発表などで公知となっていないこと
③創作非容易性……既存の意匠から容易に創作できないこと

意匠登録を受けるための要件

① 工業上利用性

＋

② 新規性

＋

③ 創作非容易性

意匠権については、多様なデザインを保護するという観点から、物品の全体ではなく、一部分のみ（例　カメラのレンズ、コップの取っ手）を登録の対象とする部分意匠制度のほか、同時に使用される2以上の物品を組み合わせて全体として意匠の統一感を出す組物の意匠制度（例　コーヒーカップとソーサーのセット）、1つのデザインコンセプトから創作されたバリエーションの意匠を保護する関連意匠制度が採用されているほか、携帯電話の操作画面なども登録することができます。

意匠権を侵害する者に対しては、差止請求、損害賠償請求などをすることができます。また、意匠権を侵害した者は刑事罰の対象となります。

6 商標権① 商標権の概要

商標とは、自社の商品またはサービスを他社のものと識別するためのマークです。そして、商標権とは、商標を独占的に使用し、他者に使用させない権利を言います。

商標は特許庁に登録することにより、登録商標として保護されます。したがって、他人が同一または類似する商標を勝手に使用した場合、その使用の差止請求や損害賠償請求を行うことができます。また類似商標使用者には刑事罰の規定もあります。

商標登録を受けるためには、自社の業務に係る商品またはサービスについて使用する商標であり、現に使用しているか、将来使用する意思があることが要件となっています。

商標は文字や図形、記号もしくは立体的形状、あるいはこれらの結合や色彩との結合によるものとされており、臭いや味、音から構成されるものは商標とはなりません。

また、商品・サービスの普通名称（例　時計に「時計」という商標）や慣用的に使われている言葉、ありふれた氏や名称は要件を充たしません。そして、公益に反するもの（国

商標の例

①	文字商標
②	図形商標
③	記号商標
④	立体商標
⑤	①～④の２つ以上が結合した商標
⑥	①～⑤と色彩が結合した商標

旗、菊花紋章、国際機関や公益団体を表示するもの、商品の品質の誤認を生ずるおそれのあるものなど）や、他人の既得権と抵触するような商標（他人の登録商標や周知商標と類似するもの、他人の氏名と同一で承諾を得ない商標、他人の業務に係る商品と混同するおそれがある商標など）は不登録商標として登録することはできません。

商標権は財産権なので、原則として商標権者の自由意思により、譲渡することができます。

7 商標権② 商標権の登録と管理

商標権は、特許庁に出願し、出願公開された後、実体審査を経て、商標登録原簿に登録されることで効力が発生します。出願は商標ごとに行い、商標を使用する商品・サービスを複数指定することができます。

なお、出願にあたっては、商標は先願主義をとっているので、他人がすでに同一または類似した商標を出願していると登録できませんので注意が必要です。

登録後、商標権者には、登録した商標を独占排他的に使用できる専用権と、自己の登録商標と類似した範囲の商標を他人が使用することを禁止できる禁止権が認められます。

商標権は設定登録の日から10年間存続しますが、特許権と異なり、何度でも登録を更新できますので、半永久的に保持しつづけることができます。ただし、商標は継続的に使用されることに保護する価値があるという考え方から、日本国内で3年以上使用されていない商標については、誰でも取消の請求ができます。

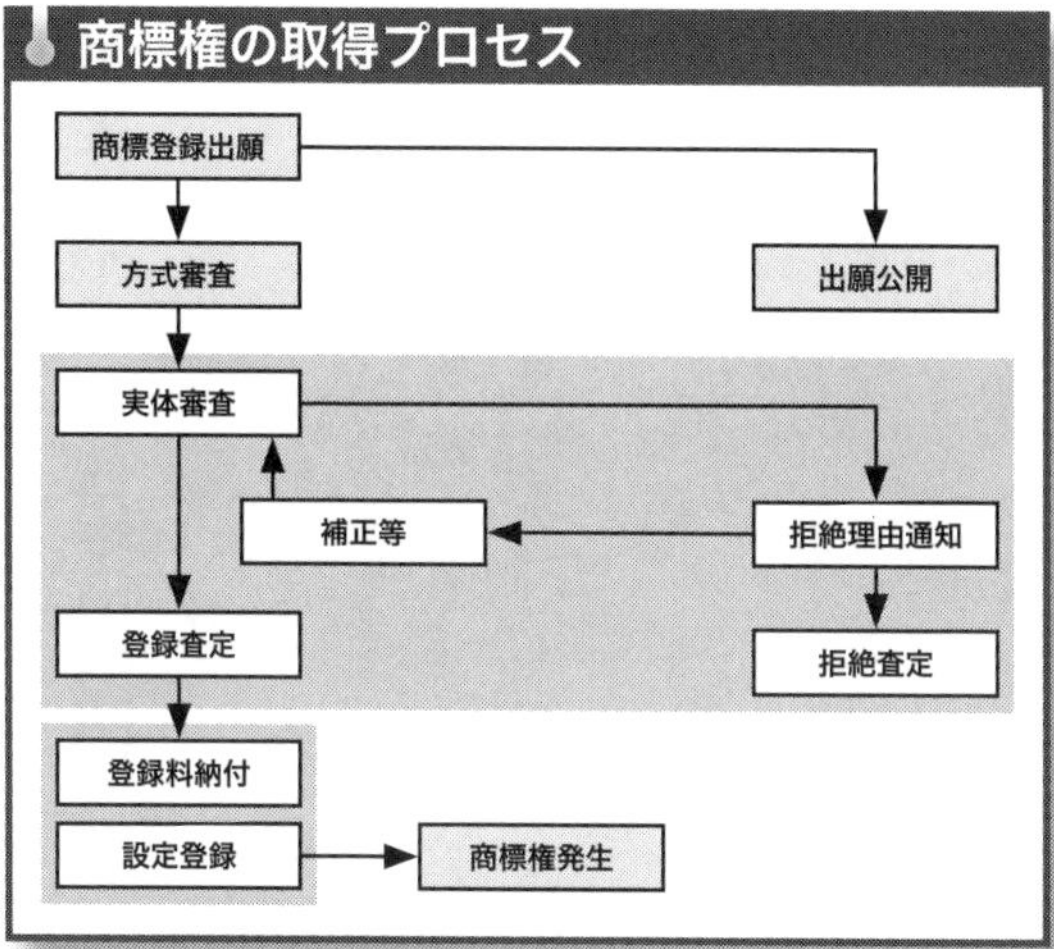

また、著名な商標については、まぎらわしい商品・サービスについて、それが登録されている商品・サービスではなくても、第三者に対して禁止権を及ぼせる防護標章登録を受けることができます。

そのほか、平成17年の商標法改正により、平成18年4月1日から組合などによる地域団体商標の登録が認められるようになりました。これは地域名と商品名からなる商標について、これまで全国的な知名度を有するなどの一定の条件を満たしていなければ認められなかったものを早期に登録できるようにしたものです。登録例としては、「松阪牛」、「小田原かまぼこ」、「博多人形」、「静岡茶」、「九谷焼」、「横濱中華街」、「草津温泉」などがあります。

8 著作権① 著作権の概要

著作権とは、著作物を創作した著作者あるいはその相続人が自己の著作物を独占的に利用できる権利のことを言います。

そして、著作物とは、著作権法で、①思想または感情を、②創作的に、③表現したもので、④文芸、学術、美術または音楽の範囲に属するもの、と定義されています。具体的には、映画やテレビ・ラジオ番組、音楽、演劇、書籍・雑誌、講演、論文、翻訳、絵画や彫刻などの美術、写真のほか、建築物の一部やデータベース、ゲームを含むコンピュータプログラム、インターネットのホームページなど、範囲は広範に及びます。最近の言葉で言えば、いわゆる「コンテンツ」と呼ばれるものはほとんどが著作物に該当します。

さらに著作者とは、原則的には著作物を創作した者のことを言います。ただし、会社の従業員が業務で作成した著作物については、職務著作として会社が著作者となります。

また、前項まで説明した特許権や実用新案権、意匠権、商標権は登録しないと権利が発

著作物の種類

①言語の著作物	小説、脚本、論文、講演、詩、短歌、俳句、講談、演劇台本等 ただし、事実の伝達にすぎない雑報、時事の報道を除く
②音楽の著作物	楽曲と音的に表現される歌詞
③舞踊または無言劇の著作物	能、狂言、バレエ等の振り付け
④美術の著作物	絵画、版画、彫刻等
⑤建築の著作物	芸術的建造物
⑥地図、図形の著作物	地図、学術的な性質を有する図面、図表、模型等
⑦映画の著作物	劇場用映画、テレビ映画等
⑧写真の著作物	写真、グラビア等
⑨プログラムの著作物	コンピュータ・プログラム

生しませんが、著作権は登録しなくても、その著作物を創作したときから権利が発生します。したがって、同時にまったく同じ著作物が異なる人物によって創作された場合は、それぞれに著作権が認められます。保護期間は原則として著作物創作のときから著作者の死後50年が経過するまでの間です。ただし、職務著作の場合は著作物の公表から50年間、映画の著作物については公表後70年間とされています。

しかし、著作権を譲渡する場合は登録されていないと第三者に対抗できないので、コンピュータプログラムについては財団法人ソフトウエア情報センター、それ以外の著作物については文化庁で登録することができます。

9 著作権② 著作権の内容

著作権は大きく①著作者人格権と②著作財産権の2つに分けることができます。

①著作者人格権

著作者が精神的に傷つけられないための権利です。具体的には、未公表の著作物を公表するかどうか、公表するならいつ、どのような方法で公表するかを決定する権利（公表権）、著作物を本名または変名で表示、あるいは著作者名を表示しない権利（氏名表示権）、著作物を勝手に改変されない権利（同一性保持権）を言います。

この著作者人格権は、著作者本人のみが持つものであり、譲渡できず、著作者が死亡した後は相続することができません。

②著作財産権

著作物を利用することによる経済的利益を受けるための権利です。具体的には著作物を複製、上演、演奏、上映、放送、インターネットで配信、レンタル、譲渡、口述、展示、

著作権の内容

著作者の権利

- **著作者人格権**
  - ・公表権
  - ・氏名表示権
  - ・同一性保持権
- **著作権（著作財産権）**
  - ・複製権
  - ・上演権
  - ・演奏権
  - ・上映権
  - ・公衆送信権（送信可能化権）・伝達権
  - ・口述権
  - ・展示権
  - ・頒布権
  - ・譲渡権
  - ・貸与権
  - ・翻訳・編曲・変形・翻案（脚色・映画化）権
  - ・二次的著作物の利用に関する原著作者の権利

翻訳、編曲、翻案するなどの方法で利用することに関する排他的・独占的な権利です。

この著作財産権は譲渡、相続が可能です。

一方、著作権法は、著作物の創作者ではないものの、その公衆への伝達にあたって準創作的な活動を行っている者として、次の四者に著作隣接権を認め、これらの著作物を利用する際は著作者だけでなく、著作隣接権者にも許諾が要るものとしています。

①実演家……俳優、舞踊家、演奏家、歌手、指揮者、舞台演出家など

②レコード製作者……レコード会社、音楽出版社、音楽事務所など

③放送事業者……放送局

④有線放送事業者……ケーブルテレビ各社

10 著作権③　著作物の利用

著作権者は他人へ著作権（著作財産権のみ）の全部または一部を譲渡したり、利用を許諾することができます。また、著作権には質権を設定することもできます。

著作権の侵害があった場合、著作権者は侵害者に対して、差止請求権や損害賠償請求権、慰謝料請求権、不当利得返還請求権などの法的措置をとれるほか、侵害者には刑事罰（懲役、罰金）の適用があります。

このように、著作物の利用に当たっては原則として著作権者の同意が必要です。しかし、その一方で社会の公益や文化の発展に寄与するという考え方から、次のような一定の範囲で著作権者の同意がなくても、著作物を自由に利用することができます。

①日常生活の自由利用

・個人または家庭内での使用に限って著作物を複製すること
・他人の論文を論評する場合に、公正な慣行、正当な範囲内で引用すること

著作物を自由に利用できる場合

①	日常生活の自由利用
②	学校・図書館関係の自由利用
③	マスコミ関係の自由利用
④	その他の自由利用

・非営利、無料、無報酬による上演
・購入したコンピュータプログラムのバックアップやバージョンアップを行うことなど

②学校・図書館関係の自由利用
・図書館における営利を目的としない複製
・教科書への掲載
・学校その他教育機関における授業などのための複製など

③マスコミ関係の自由利用
・時事問題に関する論説の転載など
・時事報道のための利用　など

④その他の自由利用
・点字による複製
・裁判手続などにおける複製　など

11 営業秘密（トレードシークレット）

営業秘密（トレードシークレット）とは、商品の製造方法や設計図・実験データなどの技術情報、あるいは顧客リストや販売マニュアルなどの営業情報といった、社外に秘しておくべき情報のことを言います。

これらの営業秘密は登録により独占排他権を認められるわけではありませんが、不正競争防止法で保護されます。その要件は次のとおりです。

①秘密として管理されている生産方法、販売方法であること

書類であれば「機密」「部外秘」と表示されていたり、鍵のかかる所に保管されているか、デジタルデータであればパスワード管理がされているかなど、秘密にしようとする意思があることが求められます。

②そのほか、事業活動に有用な技術上または営業上の情報であること

他社より有利に立ち、利益を確保できるような情報であることが求められます。

営業秘密が保護される要件

①	秘密として管理されている生産方法、販売方法であること
②	事業活動に有用な技術上または営業上の情報であること
③	公然と知られていないこと

③公然と知られていないこと

たとえ秘密として管理されていても、世間では誰もが知っている情報であった場合は保護されません。

近年は従業員のライバル企業への転職による技術やノウハウの流出、あるいは自社の秘密情報を持ち出した同業での起業など、営業秘密に関する問題が増えています。

会社の役員や従業員あるいは第三者によって、営業秘密が不正な方法で取得されたり、また使用されたり、あるいは開示された場合、営業上の利益を侵害されたか、侵害されるおそれがある者は、差止請求や損害賠償請求などをすることができるほか、刑事責任を追及することができます。

第5章 個人情報管理

1 個人情報保護法制定の背景

近年、パソコンや携帯電話などのIT機器の普及やインターネットなどの通信技術の発達によって、個人の情報がデジタル化されて、簡単かつ大量、スピーディーにやりとりされたり、複製できるようになりました。これによって、業務のスピードアップが図られたり、電子商取引などの新しいビジネス手法が開発された反面、個人のプライバシーが流出したり、漏洩するなどの事件が増えてきて、大きな問題となってきました。

このような現状を背景に、個人情報の概念と個人情報を取り扱う事業者の義務を定めて、個人情報を適切に取り扱うことで情報の流出や漏洩を防ぐことを目的に制定されたのが、2005年4月1日から施行された「個人情報保護法（正式名：個人情報の保護に関する法律）」です。

個人情報を取り扱う事業者が法律に規定された義務に違反した場合は、主務大臣から違反行為の中止などの勧告、命令を受け、命令に違反した場合には罰則（6カ月以下の懲役

または30万円以下の罰金）が適用されます。対象となるのは、違反行為をした従業員だけでなく、その従業員が所属する企業も同時に処罰されます。

法的な処罰だけではありません。個人情報が外部に流出したという事実が報道されれば、企業に対する消費者の信頼が大きく揺らいで業績の悪化を招いたり、株価の暴落などを引き起こす可能性があります。また、情報が流出した人々から損害賠償訴訟を起こされるかもしれません。そして、これらが最終的に企業の存続を危うくするリスクもあります。

このように、個人情報の管理は現代の企業にとって、人事管理や債権の管理・回収と並ぶ重要な知識なのです。

2 個人情報とは

個人情報保護法における「個人情報」とは、「生存する個人に関する情報であって、当該情報に含まれる氏名、生年月日その他の記述等により特定の個人を識別することができるもの」と規定されています。

具体的には、名前や電話番号、住所などがその典型的なものとされます。また、これらの情報が記載されている名刺や顧客リスト、履歴書、病院のカルテ、さらには遺伝子情報といったものも個人情報に該当します。さらに、メールアドレスや顔写真、映像もそれが特定の個人を識別できるものである場合は、すべて個人情報となります。

また、個人情報は視覚的に一目でわかるものだけとかぎりません。たとえば、会員番号などはそれ自体は個人情報にはなりませんが、会員リストなどとの照合が容易であれば、個人情報になります。

一方、冒頭に挙げた個人情報の概念に関する規定のとおり、死者の情報や法人に関する

個人情報の分類

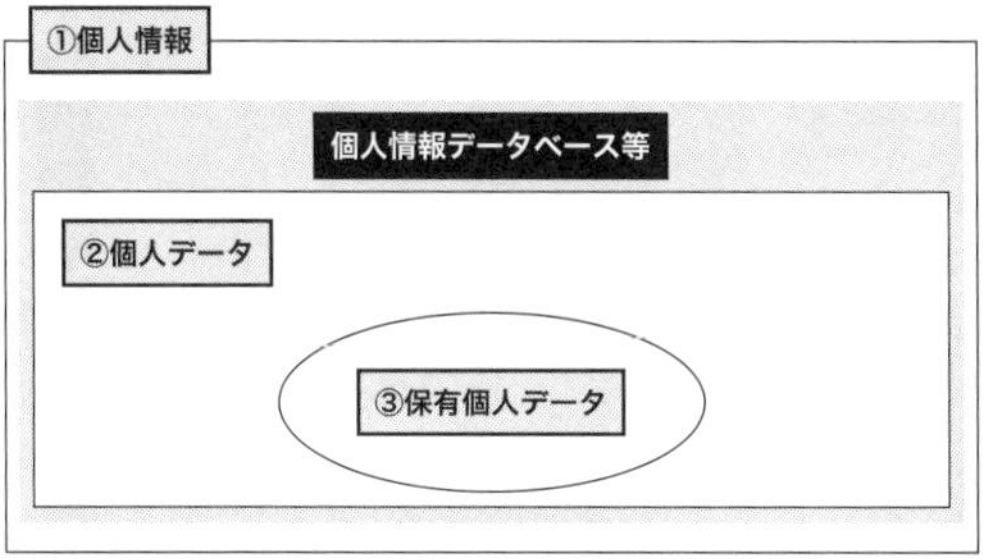

【法的義務】

①個人情報：利用目的の特定、制限、適正な取得、利用目的の通知
②個人データ：正確性の確保、安全管理措置、従業者の監督、委託先の監督、第三者提供の制限
③保有個人データ：公表、開示、訂正、利用停止等

情報は個人情報には該当しません。しかし、これらの情報であっても、遺族や取締役の個人情報が含まれている場合は個人情報に該当するので注意が必要です。

なお、個人情報保護法は、個人情報を整理して検索できるようにしたもの（例　五十音順に整理された名簿や名刺ホルダー、名刺をスキャニングしてコンピュータでデータベース化したものなど）を「個人情報データベース等」、データベース化されている個々の情報を「個人データ」、個人データを6カ月以上継続利用し、開示や訂正、利用停止請求などができる権限を持つものを「保有個人データ」と規定し、それぞれ法的な義務が異なってきます。

3 個人情報取扱事業者とは

個人情報保護法は、「個人情報取扱事業者」を前項で説明した「個人情報データベース等」を事業（営利・非営利を問わない）のために使用している事業者と規定しています。

個人情報取扱事業者は、個人情報の取り扱いについて次項で説明する義務を負います。

個人情報取扱事業者には、企業だけでなく、私立病院や私立学校、NPO法人、個人事業主なども含まれますが、報道機関（フリージャーナリストも含む）や著述業者、学術研究を目的とする機関または団体、宗教団体、政治団体については、その活動のために個人データを使うのであれば、次項で説明する事業者の義務は原則として適用されません。

また、個人情報データベース等を使用していても、過去6カ月の間、継続して5000人以下の個人データしか持っていない場合は、個人情報取扱業者から除外されます（逆に過去6カ月間に1日でも5000人以上の個人データを保有していれば、個人情報取扱事業者となります）。

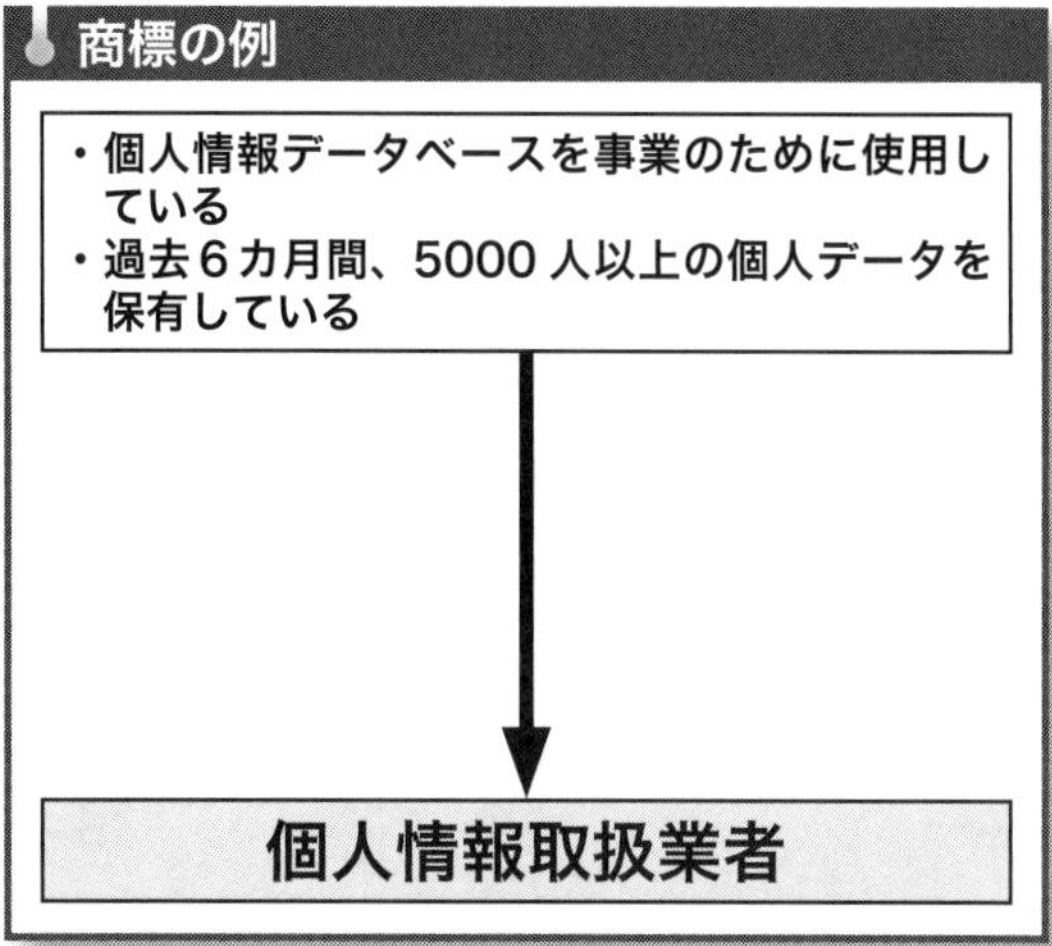
商標の例
・個人情報データベースを事業のために使用している
・過去6カ月間、5000 人以上の個人データを保有している
個人情報取扱業者

　この５０００人の中には、事業者が営業活動などで集めた顧客や見込客などの情報以外に、自社の社員（パート、アルバイト、契約社員を含む）やその家族の情報、不採用者情報なども含まれることに気をつけましょう。また、５０００人は各社員が持つ個人情報の合計であることにも留意すべきです。つまり、社員10名の会社でもそれぞれ５００人以上の個人データを持っている場合は個人情報取扱事業者となります。

　なお、市販のカーナビやＣＤ－ＲＯＭの電話帳などのように、他人の作成による個人データを編集や加工せずにそのまま使用する場合は、これらの個人データは５０００人の中には含まれません。

4 個人情報取扱事業者の義務

個人情報保護法は、個人情報取扱事業者の義務を主に次のように定めています。

①利用目的の特定と利用目的による制限

個人情報を利用する際にはその目的をできるだけ特定し、目的の変更は変更前の目的との関連性が合理的に認められる範囲でなければなりません。また、本人の同意なく当初の利用目的を超えて使用できません。さらに、個人情報を取得するにあたっては偽りや不正の手段を用いてはならないほか、予め利用目的を公表していない場合は、取得後すみやかに利用目的を本人に通知するか、公表しなければなりません。

②データ内容の正確性の確保と安全管理措置

個人データは正確かつ最新の内容に保つよう努めなくてはならないほか、漏洩や毀損の防止などのために必要な措置を講じなければなりません。

③第三者提供の制限

個人情報取扱事業者の義務

①	利用目的の特定と利用目的による制限
②	データ内容の正確性の確保と安全管理措置
③	第三者提供の制限
④	個人情報への本人の関与
⑤	苦情の処理

原則として個人データを本人の同意なしに第三者（子会社やグループ企業を含む）へ提供してはなりません。提供するためには個人情報の取得時に予め提供先や利用目的を明示した上で、本人の同意を得る必要があります。

④個人情報への本人の関与

すべての個人データの事項について本人が知りうる状態にしなくてはならず、本人からデータの開示・訂正（追加・削除を含む）・利用停止（消去を含む）があった場合はただちに対応しなくてはなりません。

⑤苦情の処理

個人情報の取り扱いに関する苦情の適切かつ迅速な処理に努めるため、必要な社内体制整備に努めなくてはなりません。

5 個人情報の管理

今や1人のビジネスマンが大量の個人情報を持ち歩いていても珍しい時代ではなくなりました。パソコンや携帯電話などの機器はもちろん、CD－Rや携帯メモリーなどの小型の記録媒体に顧客情報を入れて、いつでもどこでも仕事ができる便利な時代です。

しかし、その一方で個人情報を紛失したり、あるいは盗まれる危険性も飛躍的に高くなり、また、その被害も甚大なものになる可能性を秘めています。対応次第では会社の信用を大きく傷つけ、屋台骨を揺るがせることになりかねません。

したがって、個人情報の取り扱いについては、社員1人ひとりが細心の注意を払うことは当然ですが、会社全体として取り組むべきものとして、社内体制や取り扱い上のルールを構築することが必要です。そして、管理職は自分の部下が適切に個人情報を取り扱っているかについて、監督をしなくてはなりません。

具体的には、社外に対しては「個人情報保護方針」のような内部規定をつくり、自社と

しての保護方針を公表することが考えられます。また、個人情報の利用目的や開示の手続などを自社のホームページで公表しておけば、個人情報の取得時にその都度利用目的を明示する手間が省けます。さらに個人情報を業務委託先に預ける場合は、情報の漏洩があった場合のペナルティを定めた秘密保持契約書を交わすことも自社の防衛戦略上重要です。

また、社内的には個人情報について、その保存期間や保存方法、管理部署、管理責任者、担当者を決めておくことも重要です。

個人情報保護法は決して、個人情報の取得や活用を禁じているわけではありません。正しく取得して、経営資源として、正しく活用し、正しく管理することが重要なのです。

■監修者紹介

小澤和彦（おざわ・かずひこ）

1994年早稲田大学政治経済学部経済学科中退後、特許事務所勤務。ソフトウェア会社勤務を経て、1997年弁理士試験合格、1999年特許事務所設立。2003年司法試験合格。現在、第二東京弁護士会所属、弁護士（ひかり総合法律事務所）。

業務分野は、おもに企業法務、知的財産。著書に、『新・会社法で会社と仕事はどうなる？』（弘文堂）、『Q＆A 新会社法の定款変更手続き』（総合法令出版）がある。

通勤大学文庫

図解法律コース2

管理職のための法律知識

2007年11月6日　初版発行

監　修	小澤和彦
編　者	総合法令出版
発行者	仁部　亨
発行所	総合法令出版株式会社
	〒107－0052　東京都港区赤坂1-9-15 日本自転車会館2号館7階
	電話　03-3584-9821
	振替　00140-0-69059
印刷・製本	中央精版印刷株式会社

SBN 978-4-86280-031-2